中国古代宫殿堪舆考

谢宇 主编

華龄出版社

责任编辑：李成志

装帧设计：李建军

责任印制：李未圻

图书在版编目（CIP）数据

中国古代宫殿堪舆考 / 谢宇主编. -- 北京 : 华龄出版社，2013.1

ISBN 978-7-5169-0246-2

Ⅰ. ①中… Ⅱ. ①谢… Ⅲ. ①宫殿－研究－中国－古代 Ⅳ. ①K928.74

中国版本图书馆CIP数据核字(2012)第284443号

书　　名：中国古代宫殿堪舆考

作　　者：谢 宇　主编

出版发行：华龄出版社

印　　刷：北京画中画印刷有限公司

版　　次：2013年1月第1版　2013年1月第1次印刷

开　　本：710×1000毫米 1/16　　印　　张：11.5

字　　数：280千字　　印　　数：1～3000

定　　价：28.00元

地址：北京西城区鼓楼西大街41号　　邮编：100009

电话：84044445（发行部）　　传真：84039173

编委会名单

目 录

序言

古代宫殿是城市的凝缩

两千余年的封建朝代更迭，国家政治、经济中心的迁移，造就了中华大地上为数众多、分布广泛的历史文化名城。由于中国历史上战争的频繁，这些城市的主要功能是定国安邦、维护统治。因此，堪舆术在应用到城市规划中时，也被相应地赋予了浓厚的政治、军事色彩。

堪舆术在进行城市选址的时候，总的原则也和村落民居的选址相同，都是基于对周围的山川、水系、土质等地理形势的考察，强调“负阴抱阳”。

对于村镇来说，所谓“负阴抱阳”，就是指居址后面有主峰(来龙)；左右有次峰(左辅右弼，或是青龙、白虎砂山)；山上的植被茂盛，水气氤氲；前有弯曲的水流环绕；水的对面有一个对景山(案山)；轴线方向最好是坐北朝南。这样，居址处于山水环抱的中央，地势平坦且有一定的坡度，就形成了一个背山面水的基本格局。

城市，则是放大了的乡村，选址的原则只是在以上基础上稍有变化。城市的规模越大，就要求“龙”越旺，“脉”越远，“穴”更阔，“水”更长。干龙尽处可以为州府，支龙尽处则为村市；龙气大则结都城省郡，龙气小则结县邑村市。正是所谓“力量大小不同，而气象亦异。有一人之气象，有一家之气象，有一邑之气象，有一郡之气象，有一国之气象。大龙巨干，万仞千峰，倘然而来，幽然而止。其顿也，若降众山而臣之；其伏也，若怀万宝而藏”。（《青囊海角经·气象》）

因此城市相对于村落，更加注重阔大的气象。尤其是“督藩大府，京都畿甸”这类大型城市，都必须是平野旷阔，不见山峰，但见水来缠麓，非如此便是气象不宽、堂局不展。如果头面窄，规模狭，只可以营建小小县镇，连大县都不可为。因为干龙奔腾千里而来，必然是被大江大河拦截，方得以停住。因此干龙尽处必然是一望无际的平田旷野。虽然“望之无垠，不见所际；据之无凭，不见所倚，然百十里间，皆是环卫。无一山不顾盼，无一水不萦回，虽别处数百里外山水，莫不来此交会“。(《任髓经》，载《平阳全书》卷九)尽管近处无山，但放眼望去，百里之外的连绵群山都是城市的护卫，数百里的山山水水，俱是交会于此，如此博大宽阔，正是名城的不凡气象。

宫殿建设是名城必不可少的。城市的风水和建筑格局，决定了坐落于城市中间的宫殿的建筑选择。两者之间所依据的基本堪舆理论是高度一致的。可以说，宫殿建设必须遵从于大的风水环境的要求，是城市建设的缩影。

古代宫殿建筑的起源

宫，至少在秦以前，是一般居住房屋建筑的通称。《尔雅·释宫》：“宫谓之室，室谓之宫。”秦以后，宫逐渐成为皇家建筑的专用名称，又与公务殿堂一起统称为“宫殿”。宫殿建筑在中国的建筑体系里，代表着一系列的建筑群落，而不单单是指某个单一的建筑物。从文化的角度讲，宫更带有私密意味，具有阴柔的内在功能；殿则更多地带有公开性，具有阳刚的外在张扬性。因此，中国的宫殿建

筑一般都表现为“前殿后宫”的格局，凸现“前明后幽”的思想。如北京故宫前殿看不到一棵树，而后院则引进了园林建筑文化，明显形成不同韵味的建筑风格和气氛。

根据记载，中国皇家宫殿建筑最早可以追溯到传说中的大禹时期，战国时期的《世本》记载有“禹作宫室”。公元前12世纪的殷代末年，纣王大修宫苑，《史记·殷本纪》注引《竹书纪年》记载：“南据朝歌，北据邯郸及沙丘，皆为离宫别馆。”朝歌即今河南安阳，朝歌宫殿遗址发掘有不少土筑殿基，上置大卵石柱础，排列成行。柱础之上，有的还覆以铜“横”（即垫板）。

1983年，在河南偃师二里头遗址以东五六千米处的尸沟乡发现了一座商朝早期城址，由宫城、内城、外城组成。宫城位于内城南北轴线上，外城则是后来扩建的。宫城中已发掘的宫殿遗址上下叠压三层，都是庭院式建筑，其中主殿长达90米，是迄今所知最宏大的商朝早期单体建筑遗址。

此前，我国考古工作者先后对二里头宫城遗址区进行考察，发掘出由数座夯土宫室建筑组成的宫殿群基址。它们是目前我国发现年代最早的大型宫殿建筑基址。发掘显示，二里头宫殿建筑在早晚两个时期建筑格局既保持着基本统一的建筑方向和建筑轴线，又有一些显著的不同：晚期筑有

围墙，由一体化的多重院落布局演变为多个单体建筑纵向排列。

古代宫殿建筑的发展

春秋战国时期，各诸侯国在争霸的同时，对宫室的营建也不遗余力，并以此来彰显权力。所谓“高台榭、美宫室”成了一时之风气。这一时期的齐临淄、赵邯郸、燕下都等处宫殿遗址，现在仍然历历可寻。

秦始皇统一六国后，大修宫殿，建造了历史上规模宏大的阿房宫，据《史记·秦始皇本纪》记载：三十五年“始皇以为咸阳人多，先王之宫廷小，……乃营作朝宫渭南上林苑中。先作前殿阿房，东西五百步，南北五十丈，上可以坐万人，下可以建五丈旗。周施为阁道，自殿下直抵南山。表南山之巅以为阙。”由于前殿之宏伟，加上始皇之帝业，故以后凡帝王之居皆称为“宫殿”。“宫”指一组宫殿建筑的全部，“殿”则是指宫中的重要建筑。此后，汉长安的长乐宫、未央宫、建章宫，洛阳的北宫、南宫，殿阁楼台，离宫别馆，组成了规模宏大的帝王宫苑。汉代以后，隋朝的仁寿宫、唐朝的大明宫、兴庆宫，北宋时期的东京大内，辽、金、元时期的燕都宫殿，无不豪华壮丽。然而，这些帝王宫殿多在改朝换代的战火中被付之一炬。即使没有在王朝更迭中被毁坏，但却也没能保存下来。因为帝王宫殿乃王朝政权的象征，不毁去前朝宫殿不足以显示新王朝的威势。所以，当元朝统治者自大都败逃之后，大都宫殿虽还完整无损，但明朝并不保存它。朱元璋特地派了工部侍郎肖洵前来北京拆毁元代宫殿。肖洵来到大都之后，看到完整的宫殿时，十分欣赏，但又不能不把它拆毁。于是，他专门写了一本《故宫遗录》来记录其盛况，成了今天研究元代宫殿的重要资料。

现在比较完整地保存下来的帝王宫殿只有两处，一是北京的明、清故宫，二是沈阳的清故宫。北京的明代故宫非常幸运地被保存了下来，其原因是当清统治者攻下北京时，见到巍峨的宫殿十分壮丽，起初也有拆毁之念，但经过慎重考虑之后，感到毁之可惜，非数十年功夫和大量的财力重建不起来，于是想出了一个妙法，即把原来建筑物上的匾额取下来换上新的。例如，把原来的皇城头道门大明门换成了大清门；把原来的承天门改成了天安门；把原来的奉天、华盖、谨身三大殿改成了太和、中和、保和三大殿。一座明王朝的皇宫顷刻之间变成了清王朝的皇宫，免去了历代的焚烧拆毁，可称得上是一次极大的创举。另一处是沈阳故宫，它原是清朝统治者入关以前使用的宫殿。由于它是清王朝的“发祥”之地，所以全国统一后，统治者仍然注重对它的保护，并且还增修了不少殿阁楼台等建筑。

河南安阳殷墟

安阳，有三千多年的建城史，五百多年的建都史。历史上曾被称为邺城、殷都，七朝古都。安阳位于河南省的最北部，属于豫北山区，西倚巍峨险峻的太行山南段东麓，呈陡峻的单面山形态，向东华北平原一泻千里，气势宽阔、雄伟。这里可以说是华夏民族的祖先选中的第一个风水宝地。

洹河是安阳境内一条古老而重要的河流，在安阳的发展历史中，占据着极其重要的风水地位。殷墟就分布在洹河的两岸。

洹河发源于林虑山，流至林州市的横水后潜入地下，潜流到安阳县善应露出地面。殷墟出土的甲骨文中，就有“戊子贞，其咬于洹泉”的字名，这说明洹河见之于文字记载，至少已有3000多年的历史了。洹河东流入内黄至范阳口入卫河，全长约170公里。洹水入卫河后向北流去，最后汇入海河，从天津入海。善应村头的百亩泉水，串串腾升，即是“遏横而入，洹河逢善便击”的洹水。

作为安阳的母亲河，在中华文明的早期，孕育了灿烂的文化。远在公元前约1387年，商王盘庚（十四年）从“奄”（今山东省阜附近）迁到“殷”（今安阳市小屯一带），在此正式建都。战国时期，苏秦掌六国相印于洹水之上，至今柴库村村西尚有拜相台遗址。秦朝末年，秦将章邯与项羽结盟于“洹水南殷墟上”。西晋安阳县于洹水南安阳城。唐代废魏郡复置“相州”，州治设安阳。

作为商代晚期的国都，殷墟依托洹河，地理位置优越，形成了以

宫殿宗庙区为中心的环形、分层、放射状分布的总体规划形式，体现出了一个高度繁荣都城的宏大气派。濒河而建的殷墟宫殿建筑群。

殷墟是我国奴隶社会商朝后期的都城遗址，位于河南省安阳市区西北小屯村一带，距今已有3 300多年的历史。因其出土大量的甲骨文和青铜器而驰名中外。殷墟占地面积约为24平方千米，大致分为宫殿区、王陵区、一般墓葬区、手工业作坊区、平民居住区和奴隶居住区。其城市的规模、面积、宫殿的宏伟，出土文物的质量之精、之美、之奇及数量之巨，可充分证明它当时不仅是全国，还是东方的政治、经济、文化中心。

1987年在古老的洹水岸边修建了殷墟博物苑，占地6万余平方米，就建在殷墟的宫殿区遗址上。它是依照甲骨文的“门”字形，用几根雕有商代纹饰的木柱和横梁结构建造而成。苑中建筑严格地构筑在原建筑的遗址上。每座建筑都采用重檐草顶，夯土台阶，檐柱上雕以蝉龙等纹饰图案。殷墟博物苑不仅展现了殷代王宫殿堂的布局与建筑，而且还具有园林特色。同时，它也是集考古、园林、古建筑、旅游为一体的胜地。

湖北武汉盘龙城遗址

盘龙城遗址位于长江北岸，距武汉市区仅5千米。

盘龙城古城遗址坐落在一座小山丘上，三面环水，东西宽260米，南北长290米，城址为长方形，总面积为75400平方米。城垣为分层夯土筑成，每层厚度为8～10厘米，内坡缓斜，外坡陡峭。城墙厚度为7～8米，四周有城门，城墙外有宽约14米，深约4米的壕沟，上面架桥以供通行。这种布局，可以很好地起到防御外敌和洪水的作用。

城内的东北角，发现有三座前后并列，坐北朝南的大型宫殿基址，现在已经发掘了两座，在同一中轴线上，保存有较完整的墙基、

柱础、柱子洞和阶前的散水，前面的一座宫殿是不分室的通体大厅堂；后面一座是四周有回廊、中间分为四室的寝殿，是重檐四阿顶式建筑。此两座宫殿的布局与文献记载的“前朝后寝”制度相符。从建筑的式样看，与文献中记载的“茅茨土阶”、“四阿重屋”也相吻合。

城外散见居民区和酿酒、制陶、冶铜等手工作坊及墓地。盘龙城遗址出土的商代青铜器不仅数量远远超过郑州商城，而且不少是商代青铜器精品。盘龙城还出土了数以万计的陶片，石器100多件。盘龙城发掘出的三座大型宫殿建筑，体现了我国古代前朝后寝即前堂后室的宫殿格局，奠定了中国宫殿建筑的基石。专家认为，盘龙城是商王朝南征的据点，是商王朝控制南方的战略资源的中转站，其城墙外陡内缓，易守难攻，军事目的较为明显，后来不断发展成为商王朝在南方的军事、政治中心。

山东曲阜孔庙大成殿

曲阜，是孔子的家乡。北依泰山，南瞻邹城，东连泗水，西抵兖州。境内百余座山头绵亘在东、北、南三面边境线上，群山内侧散布着几十个大小不等的阜丘，中西部为大片的肥田沃土。构成了东北高、西南低的基本地势。北部凤凰山为境内最高点，海拔548.1米；最低点在西南部的程庄，海拔47米，城区中心海拔60.5米。

区内主要有泗河、沂河、蓼河、崄河4条河流。泗、沂两条主干河流自东向西横贯全境。为淮河下游水系。

孔子是我国古代著名的思想家、教育家，是儒家的奠基人。孔庙又称“文庙”，是供奉和祭祀孔子的地方。在孔子死后的2000多年

里，历代王朝特别是开科取士制度建立以后，人们对孔子的尊崇逐步升级，至圣至尊，万世师表，达到了登峰造极的地步。因而全国各地，到处修建孔庙，对孔子顶礼膜拜。

山东曲阜孔庙，又称“至圣庙”，位于曲阜城区的中心，坐北朝南，是我国建造年代较早，规模最大的一座祭祀孔子的庙堂。该庙初建于公元前478年，以孔子的故居为庙，以皇宫的规格而建。从建筑上说，和分布于全国各地的绝大多数孔庙一样，有棂星门、泮池、大成门、大成殿、东西庑、尊经阁、明伦堂、敬一亭、崇圣祠、乡贤祠、名宦祠等，建筑布局大多是中轴分明，左右对称。古代祭天，先要祭祀棂星。孔庙设门名棂星，是说尊孔如同尊天。

大成殿是孔庙的主体建筑，也是祭祀孔子的中心场所。大成殿在唐代时称“文宣王殿”，有五间，于宋天禧二年（1018）大修时，移至今址并增扩至七间。宋崇宁三年（1104）徽宗赵佶取《孟子》：“孔子之谓集大成”语义，赞扬孔子思想集古圣贤之大成，下诏更名为“大成殿”，后毁于火。现存的这座大成殿为清代雍正年间重建，殿高24.8米，宽45.8米，深24.9米，重檐九脊，黄瓦飞甍，雕梁画栋，气势雄伟，八斗藻井饰以金龙和玺彩图，双重飞檐正中竖匾上刻清雍正皇帝御书“大成殿”三个贴金大字。

大成殿与北京故宫太和殿、泰安岱庙天贶殿并称为“东方三大殿”。价值高、历史悠久的是大成殿。大成殿四周廊下环立28根石雕龙柱，均以整石刻成，高6米，直径为0.8米，为明代弘治年间徽州工

匠刻制。大成殿两山及后檐的18根八棱石柱均为云龙浅雕。最引人瞩目的是前檐的10根深浮雕龙柱，每柱二龙对翔，盘绕升腾，中刻宝珠，雕刻玲珑剔透，龙姿栩栩如生，无一雷同，堪称我国石刻艺术中的瑰宝，据说乾隆皇帝来曲阜祭祀时，石柱均用红绫包裹，不敢让皇帝看到，唯恐皇帝会因其技艺超过皇宫而怪罪。大成殿的建筑艺术，充分显示了我国劳动人民的聪明才智。

大成殿为曲阜孔庙的主殿，其后设寝殿，仍是前朝后殿的传统形式。前庭中设杏坛，此处原是孔子故宅讲学的地方，后世将它改为孔庙正殿。宋真宗末年，扩建孔庙，殿移后，此处设坛，周围环植杏树，故称“杏坛”。金代在其上建亭，明代又改建成重檐十字脊亭，逐渐形成现在的规模。东西两庑各40间，供奉历代著名先贤、先儒的神主，到清末共147人。

大成殿建于雍正七年（1729），重檐歇山顶，面阔九间，黄色琉璃瓦覆顶，殿前檐柱用十龙柱10根，高浮雕蟠龙及行云缠柱，在别处的殿宇中是很少见的。内外悬三副对联。门外为清世宗书“德冠生民溯地辟天开咸尊首出，道隆群圣统金声玉振共仰大成”联；前后内金柱分别悬挂清高宗书“觉世牖民诗书易象春秋永垂道法，出类拔萃河海泰山麟凤莫喻圣人”和“气备四时与天地鬼神日月合其德，教垂万世继尧舜禹汤文武作之师”对联。1966年“文化大革命”初起时，大成殿内的文物遭到破坏，现存龛像匾联均为1983年照原样复原的。

南京朝天宫

朝天宫位于今江苏省南京城西冶山，相传为春秋吴王夫差的铸剑处。明时始有今名。洪武时重建，大殿后有习仪亭，凡百官番臣大朝贺，均先在此学习礼仪。

清朝末年，朝天宫是江宁府文庙，皇帝从未驾临过，所以戟门形同虚设，也从没有打开过。因此，民间传说朝天宫大门正对南天门，这个门不能开，否则玉皇大帝必降灾南京，会发洪水、生瘟疫。道光年间因朝天宫屡遭火灾，从风水家言，把朝天宫大山门由朝正东，改为偏向东南。现存建筑均为清末所建，坐北朝南。东侧为府学，西侧为卞壶祠，中间为文庙。

整个朝天宫建筑依中轴线做对称布置，规模宏伟，棂星门南为广庭，有左右牌坊门及泮池、“万仞宫墙”照壁，充满了浓郁的风水气息。

门北经前庭至大成门，为五开间重檐歇山顶式建筑，两侧各有一扇小门，名“金声”、“玉振”。过中部庭院，便到了主殿大成殿，下有石台三层，建筑为七开间，重檐歇山顶，覆以黄色琉璃瓦。再后为崇圣殿，情况大致相仿，仅石台为两层。诸殿两旁皆有廊庑，为附属房舍所在。殿北有习仪亭、飞云阁、碑亭及飞霞阁等，依墙而建，登临可以望远。

这一组建筑，是南京地区保存最完整、规模最大的古建筑群，现为南京市博物馆址。

馆娃宫

馆娃宫位于今江苏省苏州市灵岩山山巅。据《吴越春秋》载："阖闾城西，有山号砚石，上有馆娃宫。"砚石山便是如今灵岩山的别称。

灵岩山，山高182米，占地1800亩，山上多奇石。巨岩嵯

峨，怪石嶙峋，物象宛然，得于仿佛。旧有“十二奇石”或“十八奇石”之说。有“秀绝冠江南”“奇绝胜天台”之称。山上布满楼台亭榭，基本依山势而建，九曲长廊因地形而走，清池涓流，岸曲水回。

公元前494年，越王因战败赴吴作人质，同时进贡大量珍贵财富和美女取悦夫差，以取得夫差的信任并麻痹他的斗志。夫差面对西施的美色，十分宠爱，于是不惜重金，在灵岩山山巅风景绝佳之处，调集大批工匠，大兴土木，在这里为她兴建了一座规模宏大的大型离宫，即馆娃宫。宫内“铜勾玉槛，饰以珠玉”，楼阁玲珑，金碧辉煌。

馆娃宫作为中国历史上第一座比较完备的早期园林，可谓是占尽了山水之秀美。苏州，本来就是江南有名的鱼米之乡，得天地之灵秀，妖娆多姿。馆娃宫置身于苏州之巅，更是给人一种居高临下，独领风骚之感。可惜的是，当越王勾践经过多年的卧薪尝胆，于公元前473年攻破吴国时，面对这记录着他的耻辱的豪华建筑，痛恨至极。一把火将它烧成了残垣断壁。

往事越千年，后人曾多次在馆娃宫遗址上重修建筑，相传现在的灵岩山寺大殿，即是建在馆娃宫的殿堂旧址上。馆娃宫遗迹众多，引人探访追思。唐朝著名诗人刘禹锡有诗云：“宫馆贮娇娃，当时意大夸。艳倾吴国尽，笑入楚王家。”

秦咸阳宫

咸阳地处“八百里秦川” 的腹地，关中平原中部，渭河北岸，九嵕山之南，因山南水北俱为阳，故名咸阳。

咸阳由东南向西北呈阶梯形逐步上升：第一阶梯是南部渭河、泾河平原，约占总面积1/5；第二阶梯是中部台塬区，也约占总面积的1/5；第三阶梯是北部高原丘陵区，约占总面积3/5。

咸阳市东北部的石门山海拔为1885.3米，为全市最高点。全市最低处在东南部三原县大程镇清河出境地，海拔362米。境内山脉集中

分布在中北部，主要有子午岭余脉的马栏山、石门山，中部嵯峨山、笔架山、九山，北仲山和五峰山自南而北依次排列，将全市分为南北两个特点不同的自然区。南部九县区（市）属黄土川塬，北部五县属黄土高原丘陵沟壑区。

整个地区呈北高南低，背山面水，怀抱平原之势。风水格局极为壮观，颇具大气。

据有关研究表明，在几千年以前，这里曾经是水草丰美、物产丰富的风水宝地。由于自殷商以来，特别是秦汉时期，人类过度的开发和使用，才陷入到今天黄土漫天飞舞的境地。但是从历史资料来看，在有秦一代，这里的自然环境还是十分适合人类生存的。因此，在秦汉之际，这里还是重要的国都所在地，还建有大量的宫殿，以满足贵族们的生活要求。

咸阳宫为中国秦代宫殿，位于今陕西省咸阳市东。公元前350年，秦孝公迁都咸阳，开始营建宫室，秦昭王时，咸阳宫已建成。在秦始皇统一六国过程中，该宫又经扩建。据记载，该宫“因北陵营殿”，为秦始皇的执政之所。秦末，项羽入咸阳，屠城纵火，咸阳宫被夷为废墟。在秦始皇之前，咸阳都城宫殿已具有相当大的规模。秦始皇统治时期又进行大规模扩建，都市和宫殿建筑更加辉煌。

咸阳宫在咸阳城内偏南，从挖掘出的遗址来看，咸阳宫是一座土心建筑。它是在自然形成的土山的四周建成楼阁式样，中心为土心，也就是说每个房屋的后墙都是土心。各层楼间都是从四面挖开的，每个房屋前檐用木材装修，安装木门窗，其上铺半坡形的瓦顶，其外观如同楼阁。

在实质上，这种做法就像石窟檐。咸阳宫内在外檐的中心部用土，也就是削直的土心。这种做法自古就有，早期建筑常常采用这种做法。

各室内的后墙壁也用木柱贴于后墙土心。从挖掘的状况来看，壁体的边部留有许多柱槽，柱槽是直立的，平面是方形的。当年木柱即立于柱槽中。墙面抹上白灰，进门有台阶的痕迹，还有下水管道的痕迹。

遗址中还出土有卷头铁钉，长10厘米，断面为方形，到尖端逐步成为圆锥体。出土的构件中还有铁制合页，有三铰二铰的式样。除此之外，还有铁制门轴。

咸阳宫并非一座，而当年的咸阳宫更是成组的建筑群。其宫殿建筑大致可以分为三组：渭北组，由翼阙、咸阳宫、兰池宫等组成；渭南组，由兴乐宫、信宫和阿房宫等组成；六国宫殿组，在咸阳宫的西侧，写放六国宫室。三组宫殿中，有前殿的宫殿建筑有咸阳宫、阿房宫和甘泉宫等几座。秦始皇时期的宫殿建筑也以这几座宫殿最负盛名。

阿房宫

阿房宫和咸阳宫一样，都处在咸阳统一的风水格局之中。

阿房宫是秦始皇在统一六国后依秦岭修建的豪华宫殿。始建于公元前212年，遗址在今陕西西安西郊15千米的阿房村一带，为全国重点文物保护单位。杜牧曾经写过《阿房宫赋》，认为此宫殿被项羽焚烧。清代画家袁耀也曾绘制过《阿房宫图》。现代考古发现，秦朝此宫殿仅完成地基而已，也未被火焚烧过，项羽焚烧的是咸阳宫。

据《史记秦始皇本纪》记载："前殿阿房东西五百步，南北五十丈，上可以坐万人，下可以建五丈旗，周驰为阁道，自殿下直抵南山，表南山之巅以为阙，为复道，自阿房渡渭，属之咸阳。"其规模之大，劳民伤财之巨，可以想见。秦始皇死后，秦二世胡亥继续主持修建。唐代诗人杜牧的《阿房宫赋》写道："覆压三百余里，隔离天日。骊山北构而西折，直走咸阳。二川溶溶，流入宫墙。五步一楼，十步一阁；廊腰缦回，檐牙高啄；各抱地势，勾心斗角。"可见阿房宫确为当时非常宏大的建筑群。

阿房村南附近，有一座大土台基，周长约310米，高约20米，全用夯土筑起，当地人称为"始皇上

天台”，阿房村西南附近，夯土迤逦不断，形成一长方形台地，面积约26万平方米，当地人称为“坞岭”。这两处是阿房宫遗址内最显著的建筑遗迹。

阿房宫被认为是中国历史上最大的宫殿。据《史记》记载，秦始皇统一中国后，自觉功绩可以与三皇五帝媲美。他嫌都城咸阳的宫室太小，不足以展现自己君临天下的威仪。在始皇三十五年（前212），他下令在王家园囿上林苑所在的渭河之南、皂河之西建造规模庞大的宫殿群落。随后，以阿房宫前殿为中心，在周围建造了270余座离宫别馆。宫室之间以“空中走廊”连接。这些走廊又依地势直达终南山下，在山顶建宫阙作为阿房宫大门。

秦始皇构建的宫室，史称“遍及咸阳内外二百里，共二百七十座，复道相连”，是否确实，尚待详考。但阿房宫无疑是最大的宫殿群。建造工程浩大的阿房宫，是秦朝盛极而衰以致灭亡的转折点。

从咸阳到阿房宫，宫殿一脉相连，中间横渡渭水，如同星象中阁道绝汉抵营室（绝，横渡之意。汉，即银河。营室，星宿名）。这是秦始皇有意为之。中国古人认为，天国高于人间并和人间一一对应，天帝也有自己的宫殿。星象中的许多星宿，是以宫殿的意义命名的。于是，中国历代宫殿的形制和命名往往与星象有关。譬如，天上有被认为是天帝寝宫的紫微星宿，那么人间便有紫禁城。

经考古发现，目前阿房宫已经探明的遗址有：

前殿遗址。前殿是阿房宫的主体宫殿。史载其东西五百丈，南北五十丈，上可坐万人，下可建五丈旗。现存一座巨大的长方形夯土台

基，经探测实际长度为1320米，宽420米，最高处高约7～9米，是目前已知的最大的夯土建筑台基。台基由北向南呈缓坡状。

上天台遗址。位于阿房宫村南，俗称“上天台”。台底东西长42.5米，宽20米，台顶平面长11.5米，宽4.5米，台高约15米。台上西北角有一条向西伸出的坡道，直通台下。坡道长约30米，底宽上窄。台下夯土基向西、向南各延伸约20米，向东延伸近100米，向北约300米直至阿房宫村附近。

磁石门遗址。磁石门为秦阿房宫门阙之一。秦阿房宫的建筑以磁石为门，一是为防止行刺者，以磁石的吸铁作用，使隐甲怀刃者在入门时不能通过，从而保卫皇帝的安全；二是为了向“四夷朝者”显示秦阿房宫前殿的神奇作用，令其惊恐却步。

除此之外，在附近的村庄还有零星的发现。

西汉三宫

汉长安城

长安在秦代原是咸阳附近位于渭河南岸一个乡村的名称，后来由于成为交通要道而变成兵家必争之地。刘邦采纳了贤臣张良的建议，遂定都于此。西汉初年的宫廷苑囿，比较而言算不上奢侈，因而它无法满足好大喜功的汉武帝的需要。于是他大兴土木，增修了明光宫、建章宫，并修缮、扩充了原有的宫室。至汉武帝时代，汉代宫室在精美、舒适方面已经超过了秦代，规模较之秦代毫不逊色。长乐宫，周回20余里，有鸿台、临华殿、温室殿及长信、长秋、永寿、永宁四殿。公元前202年，汉高祖在秦朝兴乐宫的基础上建成长乐宫，2年之后建成未央宫，于是才把汉朝的都城从栎阳迁到长安。

长安城的设计与营建因地制宜并结合天象，平面呈方形，但并不规整。由于城墙在长乐宫和未央宫建成之后才开始兴建，因此为了迁就二宫和河流的位置，形成南墙曲折如南斗六星，北墙曲折如北斗七星的形状，有“斗城”之称。

未央宫

在今天西安城西北约3公里处，位于当年西汉长安城的西南。为当年长安城地势最高之处。

汉长安城北部城墙外是渭水，所谓依水而建。长安城内有两座主要的宫殿，一个是长乐宫，另一个就是著名的未央宫。

汉高祖七年（前200），萧何主持建造未央宫与建章宫，其规模庞大。萧何以创造性的手法来建造西汉长安未央宫和建章宫。当未央宫建成以后，萧何对皇帝说：“天子以四海为家，非令壮丽不可以重威。”这两组大宫殿，主要以杨城延为主负责技术，同时杨城延还主持规划长安城。未央宫的周长达14千米，地点在长安城外西南。

据历史记载和考古发现，汉未央宫是汉朝君臣朝会的地方。总体的布局呈长方形，四面筑有围墙。东西两墙各长2150米，南北两墙各长2250米，全宫面积约5平方公里，约占全城总面积的七分之一。四面建宫门各一，唯东门和北门有阙。宫内有殿堂四十余屋，还有六座小山和多处水池，大小门户近百，与长乐宫之间又建有阁道相通。已发现的遗址有：

前殿：前殿是未央宫的主体建筑，居全宫中轴线南端夯土台基北部，至今残高达15米，南北长350米，东西宽约200米，有前、中、后三大殿，是利用南北向的龙首山丘陵修建的高台建筑。以木栏为檐枋，用文杏做梁柱，室内壁均贴以铜饰。门上用金饰、玉环点缀；斗拱镶金玉，雕刻极精；重檐雕琢也很丰富，重檐三阶；闺房四面都有廊子围绕，建立铁人作为装饰。

宣殿：为各代皇帝的正寝，皇帝常到这里主持政务。

温室：这个宫室在冬日可以取暖，所以房间极暖，故名。

椒房：用花椒粉涂壁，室内香味扑鼻，同时做香柱、安设大屏风，又有绿毡和罗帐。

清凉台：夏日天热，室内经过处理，非常凉爽。用画石做床，并带有花纹，不过这个石床过于凉爽，不可经常使用。

柏梁台：台子高达60米，用柏木做梁，柏木甚香，香味四溢。

未央宫分六大区，殿宇甚多，皇帝与皇后住在椒房里。

未央宫在西汉之后是新莽、西晋、前赵、前秦、后秦、西魏、北周等七个朝代的理政之地，使用时间达360多年。

建章宫

建章宫周长达十几千米，建在汉长安城的正西南。是汉武帝刘彻于太初元年（前104）建造的宫苑。《三辅黄图》载："周二十余里，千门万户，在未央宫西、长安城外。"武帝为了往来方便，跨城筑有飞阁辇道，可从未央宫直至建章宫。建章宫建筑组群的外围筑有城垣。

从建章宫的布局来看，从正门圆阙、玉堂、建章前殿和天梁宫形成一条中轴线，其他宫室分布在左右，全部围以阁道。宫城内北部为太液池，筑有三神山，宫城西面为唐中庭、唐中池。中轴线上有多重门、阙，正

门曰“阊阖”，也叫“璧门”，高83.3米，是城关式建筑。屋顶上有铜凤，高1.7米，饰黄金，下有转枢，可随风转动。在璧门北，起圆阙，高83.3米，其左有别凤阙，其右有井干楼。进圆阙门内200步，最后到达建在高台上的建章前殿，气魄十分雄伟。宫城中还分布众多不同组合的殿堂建筑。璧门之西有神明，台高166.7米，为祭金人处，有铜仙人舒掌捧铜盘玉杯，承接雨露。

建章宫的前殿高于未央宫。其东侧有凤阁，高60多米。建章宫北边是方圆十里的太液池，池中“有蓬莱、方丈、瀛州、壶梁，像海中仙山”。池畔遍生彤胡、紫箨、绿节等水生植物。池内还有各种游船。池中渐台高达60多米。旁建逍遥宫，这是汉成帝所建，涂黑色油漆。

其南建设玉堂，璧门三层，高达65米，内殿有12个门，各阶为玉石砌筑，还在门前铸有铜凤，高达15米。神明台与井干楼互相对峙，都有极其复杂的结构。神明台是汉武帝为求长生不老而建的，高达150米，其周围设有九室，其上设承露盘，高60米。井干楼完全用木材建造，共20层，高105米。它们都是当时有名的建筑。

长乐宫

长乐宫是在秦离宫兴乐宫基础上改建而成的西汉第一座正规宫殿，位于西汉长安城内东南隅，始建于高祖五年（前202），2年后竣工。遗址在今未央宫乡的阁老门、张家巷、讲武殿、东唐寨、西唐寨，汉城乡的雷寨、罗寨等村庄一带。宫城“周回二十里”。遗址平面呈矩形，东西宽2 900米，南北长2 400米，约占长安城总面积的1/6。据记载，此宫四面各开宫门一座，仅东门和西门有阙。宫中有前殿，为朝廷所在。西为后宫。

据史料记载，长乐宫完工之后，内拥有14所宫殿，均坐北向南，即面向秦岭，背靠渭水。其中前殿位于南面中部，前殿西侧有长信宫、长秋殿、永寿殿、永昌殿等；前殿北面有大夏殿、临华殿、宣德殿、通光殿、高明殿、建始殿、广阳殿、神仙殿、椒房殿和长亭殿等。各个宫殿之间彼此错落有致，层次丰富，别有一番景致。另有温室殿、钟室、月室以及秦始皇时在兴乐宫中建造的高达40丈的鸿台。

作为西汉皇家宫殿群。长乐宫与未央宫、建章宫同为汉代三宫。因其位于未央宫西，又称“东宫”。意为“长久快乐”。高祖九年（前198），朝廷迁往未央宫，长乐宫改为太后住所。

上林苑

上林苑，是汉武帝刘彻于建元二年（前138）在秦代的一个旧苑址上扩建而成的宫苑，规模宏伟，宫室众多，功能齐全，游乐内容众多。原址位于陕西省西安市。今已无存。

上林苑地跨长安、咸阳、周至、户县、蓝田五县县境，纵横300里，有灞、浐、泾、渭、沣、滈、牢、潏八水出入其中。上林苑融优美的自然景物与华美的宫室组群于一体，包罗万象，内容丰富，是秦汉时期建筑宫苑的典型。上林苑也是当时汉武帝习武的地方，在此处有皇帝的亲兵羽林军，并由后来的大将军卫青统领。汉武帝从此走向一个崭新的历史舞台。

上林苑中包含离宫70所，容纳千骑万乘。可见其仍保留射猎游乐的传统，但主要内容是宫室建筑和园池。据《关中记》载：上林苑中有三十六苑、十二宫、三十五观。三十六苑中有供游憩的宜春苑，供御人止宿的御宿苑，为太子设置招宾客的思贤苑、博望苑等。上林苑中有大型宫城建章宫，还有一些各有用途的宫、观建筑，如演奏音乐和唱曲的宣曲宫；观看赛狗、赛马和观赏鱼鸟的犬台宫、走狗观、走马观、鱼鸟观；饲养和观赏大象、白鹿的观象观、白鹿观；引种西域葡萄的葡萄宫和养南方奇花异木如菖蒲、山姜、桂、龙眼、荔枝、槟榔、橄榄、柑橘之类的扶荔宫；角抵表演场所平乐观；养蚕的茧观；还有承光宫、储元宫、阳禄观、阳德观、鼎郊观、三爵观等。

上林苑中还有许多池沼，如昆明池、镐池、祀池、麋池、牛首池、蒯池、积草池、东陂池、当路池、大一池、郎池等。其中昆明池是汉武帝元狩四年（前119）所凿，在长安西南，周长2万米，列观环之，又造楼船高33米余，上插旗帜，十分壮观。据《史记·平准书》和《关中记》，修昆明池是用来训练水军。在池的东西两岸立牵牛、织女的石像。上林苑中不仅天然植被丰富，初修时群臣还从远方各献名果异树2 000余种。

甘泉宫

长安城外的各郡县还有很多离宫，它们是构成汉宫殿建筑的一部分。在这些离宫中，颇负盛名的当数在秦的基础上修建的甘泉宫，为陕西省重点文物保护单位。

甘泉宫，又名“云阳宫”、“林光宫”，为秦始皇下令建造。位于咸阳城西45千米处。根据《通志》的记述，甘泉宫有阙、前阙、应门、前殿、紫殿、泰时殿、通天台、望风台、益寿馆、延寿馆、明光宫、居室、竹宫、招仙阁、高光宫、通灵台等许多宫殿台阁。甘泉宫内有木园，是武帝时代的园，后来俗称“仙草园”。秦代文化遗址。

遗址东西横距250米，南北纵距400米。甘泉宫兴废年代待考。出土文物有陶质筒形水管、90度拐弯管道、蛟龙绕玉璧空心砖、种类繁多的云纹瓦当、板筒瓦残片等。

甘泉宫为汉武帝仅次于长安未央宫的重要活动场所，它不只是作为统治阶级的避暑胜地，而且很多重大的政治活动都安排在这里进行。甘泉山，位于淳化县北约25千米处，出甘泉。这里有很好的地势和风水，也是匈奴祭天的地方。

在城前头村、凉武帝村、董家村附近，宫城城墙的夯土残迹，历历在目，断断续续地暴露在地面上，高1～5米不等。根据甘泉宫的城墙遗迹，我们发现，其西城墙长890米，北城墙长1 950米，东城墙长880米，南城墙长1 948米，可见其规模之宏大！

长门宫

长门宫位于今陕西长安县东北。原是由馆陶长公主刘嫖所有，是一座私家园林，以长公主情夫董偃的名义献给汉武帝改建而成，作为皇帝祭祀时的休憩之所。长门宫在长安城外。后来刘嫖的女儿陈皇后被废，迁居长门宫。南朝时，萧统编《文选》，收录《长门赋》，传说是陈皇后不甘心被废，花费千金求司马相如所做。《长门赋》使长门之名千古流传。长门宫也成为冷宫的代名词。

长门宫原本是馆陶的产业，馆陶以董偃的名义送给刘彻，刘彻除大赏董偃外，之后还对董偃另眼相看。董偃这个人大家应该都知道，本难登大雅之堂，却因此逐渐被武帝喜欢，且“爰叔说董偃劝馆陶公主献之”就这句足以看出馆陶的不舍，无论其言真假，可以看出长门宫当时的风景，由此也可以看出刘彻对长门宫的喜爱。长门宫之前称园后改宫，可见苑囿和宫殿共有，其风景绝不逊色于上林苑，也算当时长安一绝。这也是刘彻不可不踏入长门宫的理由之一。

陈后阿娇在长门宫忧郁而死，文人常用“长门”为题，创作诗篇，如陆游的《长门怨》，以及一首名叫《长门殇》的七律，作者已无从考证。

长门怨

陆游

寒风号有声，寒日惨无晖，
空房不敢恨，但怀岁暮悲。
今年选后宫，连娟千蛾眉；
早知获谴速，悔不承恩迟。
声当彻九天，泪当达九泉，
死犹复见思，生当长弃捐。

长门殇

昔年金屋藏娇女，今日冷宫无人怜。
僵卧锦榻暗垂泪，独临菱花饰朱颜。
冬去花开无心赏，秋来叶落殇黯然。
自是长门无欢笑，两情相悦不复还。

东汉洛阳宫殿

东汉建都于洛阳，是当时世界上最大的都城。当时东西方文化都发展到了一个极高的水平。西方文化以古罗马为代表。

为了加强和西方之间的联系，东汉明帝派大臣班超出使西域，通过军事和贸易手段，班超和西域诸多小国家之间建立了良好的关系，并打通了荒废已久的丝绸之路，首次将丝绸之路延伸到了欧洲并直通到了罗马。而罗马亦派使臣顺着丝绸之路历史上首次来到了中国，并在东汉京师洛阳觐见了大汉皇帝。洛阳因此成为了丝绸之路的东方起点。

洛阳地理条件优越，东邻郑州，西接三门峡，北跨黄河与焦作接壤，南与平顶山、南阳相连。东西长约179公里，南北宽约168公里，洛阳地势西高东低呈山前盆地形状。境内山川丘陵交错，地形错综复杂。

境内河渠密布，分属黄河、淮河、长江三大水系，附属于这三大水系的洛河、伊河、清河、磁河、铁滦河、涧河瀍河等10余条河流蜿蜒其间，因此古代就有洛阳“四面环山、六水并流、八关都邑、十省通衢”之称。由于洛阳地处中原，山川纵横，西依秦岭，出函谷是关中秦川，东临嵩岳，北靠太行且有黄河之险，南望伏牛，有宛叶之饶，所以“河山拱戴，形势甲于天下”。

洛阳可谓是占尽了山川地理河流的优势，因此历来就是兵家必争之地。东汉在此建立国都也就不足为奇。

东汉洛阳城大致为南北长而东西短的长方形。《帝王世纪》说洛阳“城东西六里十一步，南北九里一百步”，故俗称“九六城”。洛阳城四周共设城门十二座，置城门校尉与司马等官掌管，每门则设“侯”一人，负责看守城门事务。城门的位置和名称是：东城垣自北向南依次为上东门、中东门、望京门（旄门）；南城垣自东向西依次为开阳门、平城门（平门）、苑门（小苑门）、津门（津阳门）。其中平城门原为宫门，不设侯而置屯司马，皇帝多由此门出入，是诸门中之最尊者。西城垣自南向北依次为广阳门、雍门、上西门。其中上西门饰以红漆，设有铜玑玉衡，以齐七政。北城垣自西向东依次为夏门、谷门。十二城门皆有亭，如津阳门有津阳亭，夏门有夏门亭。

东汉洛阳的皇宫分为南、北两宫。两宫之间以有屋顶覆盖的复道连接，南北长七里。所谓复道，是并列的三条路，中间一条，是皇帝专用的御道，两侧是臣僚、侍者走的道。每隔十步还设一卫士，侧立两厢，十分威武。南宫的北门与北宫的南门两阙相对，即《文选 · 古诗》所说的“两宫遥相望，双阙百余尺”。整个宫城平面清楚地显示出一个“吕”字形。

南宫在东汉以前就存在，初为周城，秦始皇灭周统一中国后，将此城封给吕不韦，吕不韦精心经营，使此城规模雄伟，秀丽壮观。西汉刘邦初建都于洛阳，继续沿用此城，并不断修葺，使其保持着繁华的景象。到东汉则进行了全面整修，正式作为皇宫。具体位置在今偃师龙虎滩村西北，这里地势隆起，当地群众称为“西岗”。

南、北宫城均有四座同向同名的阙门，门两侧有望楼为朱雀门，东为苍龙门，北为玄武门，西为白虎门。

南宫的玄武门与北宫的朱雀门经复道相连，南宫朱雀门作为皇宫的南正门与平城门相通而直达城外。由于皇帝出入多经朱雀门，故此门最为尊贵，建筑也格外巍峨壮观，远在22 500米外的偃师遥望朱雀门阙，其上宛然与天相接，堪称东汉洛阳一大奇观。

南宫是皇帝及群僚朝贺议政的地方。建筑布局整齐有序，宫殿楼阁鳞次栉比。主体宫殿坐落在南北中轴线上，自北而南依次为：司马门、端门、却非门、却非殿、章华门、崇德殿、中德殿、千秋万岁殿和平朔殿。中轴线东西两侧各有两排对称的宫殿建筑。西侧两排自南而北依次排列。东排为鸿德门、明光殿、宣室殿、承福殿、嘉德门、嘉德殿、玉堂殿、宣德殿、建德殿；西排为云台殿、显亲殿、含章殿、杨安殿、云台、兰台、阿阁、长秋宫、西宫。东侧两排，西排为金马殿、铜马殿、敬法殿、章德殿、乐成门、乐成殿、温德殿和东宫；东排为侍中庐、清凉殿、凤凰殿、黄龙殿、寿安殿、竹殿、承风殿和东观。中轴线两侧的四排宫殿与中轴线平行，使中轴线上的建筑更加突出和威严。这南北五排建筑若按与中轴线直交的横向排列，又可分为八排。这样，每座宫殿建筑的前后左右都有直道与其他宫殿相通。因此俯视南宫地面，会看到一个格子形的布局，突出地表现了我国古代建筑规整、对称的艺术风格。

北宫主要是皇帝及妃嫔寝居的宫城，地位比南宫更加重要，因而建筑极尽豪华气派。北宫的宫殿少于南宫，建筑也没有南宫的规整和对称。坐落在中轴线上的建筑依次为：温饬殿、安福殿、和欢殿、德阳门、德阳殿、宣明殿、朔平署、平洪殿。中轴线西只有半排建筑，自南而北分别是：崇德殿、崇政殿、永乐宫。崇德殿南有两门：东金商、西神虎。两门南面有两观：东增喜观、西白虎观。中轴线东有两排建筑，自南而北分别依次是：西为天禄殿、章台殿、含德殿、寿安殿、章德殿和崇德殿。东为永宁殿、迎春殿、延休殿、安昌殿、景福殿和永安宫。

北朝宫殿

临漳处于中原腹地，位于太行山东麓，河北省最南端，位属漳河冲积扇平原，地势自西向东缓缓倾斜，海拔60—80米，地表平坦，耕地广阔。土壤由漳河淤泥沉积而成，历来以“疏松肥沃”著称。地表水系主要来源于漳河、洹河，漳河自西向东流经全县，境内长41公里。呈由西向东开阔之势。特别是由于太行山所形成的西部屏障，颇具背山抱水，玄武低垂之极佳风水格局。

邺城在河北临漳，是曹魏建都的地方，后来也是后赵、东魏和北齐的都城。邺城地势开阔，宫苑建筑规模很大。宫廷建筑、正门、齐斗楼三座建筑都在一条轴线上，前边有止车门，形成大广场，东西两方向的止车门形成左右对称的布局。正殿左右建有钟楼与鼓楼，从正殿向北有成排的楼阁。东部是国家行政中心，有八组建筑群，直达后宫，后宫是皇帝居住地。

东部司马门内的建筑用金玉材料做装饰，殿内绘有历史故事的壁画，式样很多。在邺城的西城墙附近建设铜爵园，园中有九华宫、三台，其中铜雀台最高大，高33米，有房屋110间，金凤台有房屋130

间，冰井台有房屋140间。三台高起如山，三台和宫殿都有阁道相通，登台可以与九华宫遥望，风景别致，这是宫廷园林区。

后赵和东魏时，石虎当权，曹魏宫殿又重新恢复正殿，改名“太武殿”，并建设东西二堂，阊阖门、端门在殿前，还设有东华门和西华门，全部宫殿偏于北城。石虎建设太武殿时，还用纹石，屋顶用漆瓦、金当、银楹、银柱，使用铜铁材料。除此以外，还建设长安宫、洛阳宫。其中的凤阳门高达83米，上部6层，在邺城35千米之外都可以望见。

后赵所增建的宫殿，大多数都是台榭，出檐深远、涂饰丹漆，十分华丽，有很高的艺术价值。后赵还建设华林苑，大量运土，建三观四门，还用铁做门扇。

东魏和北齐时代在邺城的南面建邺南城，吸取洛阳和邺北城的建筑手法。宫城在南部中心，东西宽3 000米，南北长4 000米，以太极殿为主，其中还有昭阳殿，东做含元殿谓“东阁”，西有凉风殿谓“西阁”，正南方向为朱华门，从前到后都用轴线贯穿。太极殿与东西宫殿基甚高，达到3米。北齐天保九年（559）秋又建设邺城三台，这是在旧基上进行扩建，并改铜雀台为金凤台，改金凤台为圣应台，改冰井台为崇光台。到北齐亡国时，这三台又毁掉了。东魏和北齐时代将后赵华林苑改为华林园，并在园中做玄武洲，建山、水、台、观，还建有五岳之东西轻云楼、架云廊16间，建“峨眉山”，山的东面有鸳鸯楼，大海的北面建有飞鸾殿、时宜观、千秋楼、龙游观、大海观等。

到孝文帝时迁都洛阳，重建洛阳城，在宫内建造太极殿。城内设323坊，又建设明宫、圆丘、太庙、国学以及园林景观，极力模仿汉式建筑手法。北魏洛阳城是在汉魏洛阳城及西晋洛阳城基址上重新建设起来的。全城贯穿成一条主轴线，严整对称。

六朝建业及建康宫殿

东晋建康城位于今江苏省南京市，是三国时吴、东晋和南朝宋、齐、梁、陈六朝的都城。全城布局南北长、东西狭窄。南面设两个城门，东、西、北各一门。宫城正中是太极殿，殿前有东西二阁。宫城正门为大司马门，这里是六朝的建康宫。在建康宫的西南还有吴时留下的太初宫。宫北为鸡笼山风景区，宫的东北是华林园，这些都是游乐区，景物宜人。建康宫的殿阁建筑大大小小达到2 500多间。

南京是中国的四大古都之一，素有“六朝古都”、“十朝都会”的美誉。南京城的风水历来都为堪舆师所称道。据说，春秋时候楚威

王熊商为了镇压南京的“王气”，便埋金于龙湾(南京下关狮子山北的江边)，“金陵”之名便是由此而来。而后秦始皇统一六国，南巡至南京，也发现此地有“王气”，于是听从方士之言开凿秦淮河以泄气运，又改金陵为秣陵，意为牧马之地，以破坏王气。

东吴孙权称王后，大臣张纮曾建议定都秣陵(今南京)，孙权虽然动心，却未能下定决心。直到诸葛亮出使东吴，勘察过秣陵的地形后，说出“钟山龙蟠，石头虎踞，此乃帝王之宅也”(晋代吴勃《吴录》)这样一番话后，孙权才下定决心，于公元211年定都秣陵，次年建石头城，改秣陵为建业，由此揭开南京作为都城的第一页。至今，在南京清凉山附近还立有武侯驻马坡的石碑，据说就是当年诸葛亮驻马勘察南京地形之地。在清凉山周围，还保存着“龙蟠里”、“虎踞关”这样富含历史意义的地名。

所谓“龙盘虎踞”，《康熙江宁府志》有具体的描写：

由钟山而左，有摄山、临沂、雉亭、衡阳诸山，以达于东。又东为白山、大城、云穴、武岗诸山，以达于东南。又南为土张山、青龙、石舀、天印、彭，城、雁门、竹堂诸山，以达于南。又南为聚宝山、戚家山、粹桐山、紫阳、夏侯、天阙诸山，以达于西南。又西南绵豆至三山，而止于大江，此诸葛亮所谓龙蟠之势也。由钟山而右，近之为覆舟山、为鸡笼山，皆在六朝宫城之后。又北为直渎山、大壮观山、四望山，以达于西北。又西北为幕府、卢龙、马鞍诸山，以达于西r是为石头城，亦止于江，此亮所谓虎踞之形也。

群山环绕，大江东去，不愧是东南形胜之地。

按照堪舆之说，长江是中国的最大河流，源远流长，所挟带的“龙气”非常旺盛；从地理上看，南京位于长江下游，是几大千龙的交会之处，“襟带长江而为天下都会”。其北郊、东郊、南郊均为连绵起伏的丘陵，如钟山、聚宝山、覆舟山、鸡笼山、清凉山等，对城区形成三面环抱之势，合围形成一片平坦开阔的盆地，玄武湖、莫愁湖星缀予群山之中；长江自西南滚滚而来，到南京折向，东流入海，环抱城区，形成水口对景；这是非常好的风水格局，不枉担了千古帝都的赞誉。加之南京西接江淮平原，东南邻近太湖平原，物产丰富，又扼守入海通江要道，山川险固，因此历来就是兵家争夺的要地。自孙权之后，东晋、南朝宋、齐、梁、陈，南唐，明初(明太祖、建文帝两朝)、太平天国、中华民国都定都于此。

明初朱元璋起兵反元，众谋士都认为金陵龙盘虎踞，是帝王之都，主张取金陵而定天下。于是朱元璋听从众人之议，定都应天(南京)，派刘基等人勘址相地，营建宫室。而即便是明成祖迁都北京后。南京依然保留了京都的地位。有明一代，人们都普遍认为，天下能作为帝王之都的，也就只有北京、南京两处。明代著名政治家、“三杨”之一的杨荣曾说过，天下的山川形势，雄伟壮丽，可以作为

都城的，莫过于金陵；若论地势宽厚，关塞险要，能扼守中原抵御外敌的，又莫过于燕蓟(北京)了。即便是以长安(西安)之有崤关和函谷关之固、洛邑(洛阳)之在天下正中，也不能像金陵、燕蓟那样，能够建立万亿年太平之基。因此他在《皇都大一统赋》中极力夸赞南京的风水：

金陵之都，王气所钟。石城虎踞之险，钟山龙蟠之雄。伟长江之天堑，势百折而与流。炯后湖之环绕，湛宝镜之涵空。状江南之佳丽，汇万国之朝宗。此其大略也。

宋、齐、梁、陈这四个朝代，仍在东晋的宫城原址上建设宫城，其宫殿的位置与规制仍与东晋时代相仿。当中建太极殿，它是建康宫内的第一大殿，也是正殿。此宫武帝时改为13间，高26米，长27米，内外砌以锦石，同时建有东西二阁，堂阁之间的庭院很广。到梁与隋二代，宫城增设三重。

六朝时代宫殿不断改建、扩殿，宫殿建筑布局达到一个新的阶段。这个时期，大朝左右扩展建设东西二堂，作为处理政务的地方，凡是朝谒听政、宴会、大典都在这里进行。东堂专为朝谒、赐宴用，同时也是听政的要地；西堂则改为举哀之地。后来刘宋改在西堂会见臣子并在这里赐宴，它的用途经常改变。齐代由于失火，大火烧掉仪、耀灵等十多座大殿，还烧掉柏寝殿，共计3 000多间宫殿化为灰烬。梁初武帝建设东宫，城门都做三层楼，其式样同汉之函谷关东门相同。总的来看，六朝的宫殿极其豪华壮丽。

六朝时期做土山、修楼台殿阁，盛极一时；到东晋之时在建康城设立宗庙社稷、建立宫阙，又在城南建设新的永安宫；到宋元嘉年间在玄武湖修游乐苑、上林苑等，开创宫殿与园林相结合的先河。宋代还在章阁门到朱雀门之间建立驰道（即架在空中的廊桥），人在里面行走，外面是看不见的。

隋洛阳宫殿

隋朝洛阳宫殿位于今河南省西部、黄河南岸。公元604年，隋炀帝杨广即位后，便决定迁都洛阳，先征发男丁数十万人掘长堑，自龙门（今山西河津县）达上洛（今陕西商县），作为保护洛阳的关防。次年，隋炀帝便令宇文恺着手营建东京洛阳城。

洛阳城的建造工程十分浩大。“每月役丁二百万人”，东都的规模也十分庞大。一年之后，东都即建成，全国数万家富商大贾被迁往东京居住。

洛阳城遗址位于今河南省洛阳市东约15千米处，北靠邙山，南临洛河。1962年夏，初步探明了大城垣墙、门阙、街道和护城河，还查清了宫城范围和部分殿台基址，以及大城东北角的殿台、仓廒遗迹。在南郊探出了汉魏时期的“三雍”遗址范围和一些殿堂台基，1972年又进行了重点试掘。大城的东、西、北三面保存较好，南墙被洛河冲毁。经过实测，西墙残长约4 290米，北墙残长约3 700米，东墙残长3 895米，南墙长度暂以东西墙间距2 460米计算，大城周长约合14千米。

1962年勘探发现了东、西、北三面的8座城门，南面的城门无存，但从城门四条南北大街可确知城门的位置。根据保存较好的厦门遗址的钻探情况判断，洛阳城门和长安城城门一样，有三个门道。

该城南北向的大街5条。第一条自开阳门向北，全长2 800米。第二条自平城门向北，至南宫的南门为止，长约700米。第三条自小苑门往北，至北宫的南门为止，全长约2 000米。第四条自津门往北至始自上西门的横街，全长2 800米。第五条可称“谷门大街”。自谷门往南，遇北宫的北门墙而东折，然后再折向南，全长约2 400米。夏门南行的街道离城不到100米，便遇北宫的北墙而止，可能不算是条大街。东西横行的大街也有五条：第一条自上东门往西，遇北宫的东墙止，长约600米；第二条自中东门往西，穿南宫与北宫之间而过，全长约2 200米；第三条自上西门往东，遇北宫的西墙而止，长约500米；第四条自雍门往东，遇始自津门的大街而止，长约500米；第五条自旄门至广阳门，横贯全城，全长2 460米。以上街道，互相交叉结合，形成许多十字路口和丁字路口。

唐长安城的宫殿

西安，是一座历史悠久的名城。西安市位于渭河流域中部关中盆地，北临渭河和黄土高原，南邻秦岭。东以零河和灞源山地为界，与华县、渭南市、商州市、洛南县相接；西以太白山地及青化黄土台塬为界，与眉县、太白县接壤；南至北秦岭主脊，与佛坪县、宁陕县、柞水县分界；北至渭河，东北跨渭河，与咸阳所属县市相邻。

西安自古有“八水绕长安”之美称。市区东有灞河、浐河，南有滈河、潏河，西有沣河，北有渭河、泾河，此外还有黑河、石川河、涝河、零河等较大河流。其中绝大多数属黄河流域的渭河水系。

作为城市，西安城形成了南以秦岭为屏障，北向渭河的独特地理环境，加之八百里秦川和关中盆地，形成了西安周边独特的风水格局。

在唐朝290年的统治历史中，其京城长安先后共有三处坐朝、居住的宫殿，即太极宫、大明宫和兴庆宫。这三处著名的皇宫，当时合称“三大内”。现位于陕西省西安市西北郊。

太极宫

太极宫是隋朝修建的，称“大兴宫”。唐睿宗景云元年（710），改称“太极宫”。因其为唐京的正宫，故又称“京大内”。唐太极宫实际上是太极宫、东宫、掖庭宫的总称，位于唐长安城中央的最北部。据考古实测及参考文献记载可知，宫城东西宽2 830.3米，南北长1 492.1米。宫城城墙为夯土板筑，墙壁高10.3米，墙基宽一般在18米左右，只有东城墙部分的宽度是14米多。这比较外郭城高5.3米，墙基宽9～12米来看，构筑得更为坚固高大。

太极宫东、西、南、北四面共开有十个城门。其中南面开有三个城门，中为承天门，左为永安门，右为长乐门；西面和北面各开有两个城门，西为嘉猷门、通明门，也是掖庭宫的东门，北为玄武门、安礼门；东面通向东宫只开有一个城门，名“通训门”，也就是东宫的西门。东宫南北尚开有四个城门，南面二门，为广运门、重明门、永春门；北面一门名“玄德门”。掖庭宫因为宫女所居，故只开东西门，不开南北门，西面门只称“西门”，无他名。

在所有的这些城门当中，最重要的莫过于承天门了。承天门位于太极宫南墙的正中，门址在今西安城内莲湖公园南侧。据考古探测其东西残存部分尚长41.7米，已发现三门道，中间门道宽8.5米，西侧门道宽6.4米，东侧门道宽6.4米，门道的进深为19米。门址底下皆铺有石条和石板，建筑极其坚固。门上有高大的楼观，门外左右有东西朝堂，门前有广300步的宫廷广场，南面直对朱雀门、明德门，宽约150～155米的南北直线大街，位置十分重要。承天门为太极宫的正门，是封建皇帝举行“外朝”大典之处。如元旦、冬至、设宴、陈乐都在此处进行。朝廷遇有赦宥，或除旧布新，或接待万国朝贡使者、四夷宾客，皇帝也要御承天门听政。像唐太宗册李治为皇太子、睿宗即皇帝位、玄宗受吐蕃宰相尚钦藏献盟书等，都在此举行大朝会。承天门楼还是皇帝欢宴群臣之处。

太极宫的北门玄武门，也以其重要的政治、军事地位称雄当时。其地居龙首原余坡，地势较高，俯视宫城，尽收眼底，是宫城北面的重要门户。唐武德九年（626），秦王李世民诛杀太子李建成、齐王李元吉的“玄武门之变”就发生在这里。贞观十二年（638），唐太宗李世民又下令，在玄武门安扎左右屯营，以诸卫将军领之，并取名“飞骑”，后经不断扩充，从百骑、千骑到万骑，武则天垂拱元年（685）改为左右羽林军，因此，这里成了中央禁军的屯防重地，也就成了历次宫廷政变的策源地。神龙元年（705），张柬之翦除张易之兄弟、景龙三年（709）太子李重俊剪除武三思、唐隆元年（710）临淄王李隆基翦除韦后等三次宫廷政变均发生在这里，这与左右羽林军的布设以及争夺禁军主力的较量有很大的关系。当然，在平静之时，这里仍然是皇帝举行盛宴、歌舞升平的重要场所。

大明宫

大明宫始建于贞观八年（634），原名“永安宫”。龙朔二年（662），唐高宗扩建，次年迁入大明宫执政。乾宁三年（896）毁于兵乱。大明宫周长7.6千米，面积约为3.2平方千米，为北京故宫的4倍。共11个城门，东、西、北三面都有夹城；南部有三道宫墙护卫，墙外的丹凤门大街宽达176米，是唐代最为宏伟的宫殿建筑群，同时也是世界史上最大、最宏伟的宫殿建筑群之一。

大明宫选址在唐长安城宫城东北侧的龙首塬上，利用天然地势修筑宫殿，形成一座相对独立的城堡。宫城的南部呈长方形，北部呈南宽北窄的梯形。城墙南段与长安城的北墙东段相重合，其北另有三道平行的东西向宫墙，把宫殿分为三个区域。所有墙体均以夯土板筑，底宽10.5米左右，城角、城门处包砖并向外加宽，上筑城楼、角楼等。

宫城共有九座城门，南面正中为

丹凤门，东西分别为望仙门和建福门；北面正中为玄武门，东西分别为银汉门和青霄门；东面为左银台门；西面南北分别为右银台门和九仙门。除正门丹凤门有五个门道外，其余各门均为三个门道。在宫城的东西北三面筑有与城墙平行的夹城，在北面正中设重玄门，正对着玄武门。宫城外的东西两侧分别驻有禁军，北门夹城内设立了禁军的指挥机关——“北衙”。

整个宫域可分为前朝和内庭两部分，前朝以朝会为主，内庭以居住和宴游为主。大明宫的正门丹凤门以南，有宽176米的丹凤门大街，以北是含元殿、宣政殿、紫宸殿、蓬莱殿、含凉殿、玄武殿等组成的南北中轴线，宫内的其他建筑，也大都沿着这条轴线分布。在轴线的东西两侧，还各有一条纵街，是在三道横向宫墙上开边门贯通形成的。

兴庆宫

兴庆宫的规模小于太极宫、大明宫，原是唐玄宗李隆基登基前的宅第，后经扩建成为宫苑，为李隆基皇帝起居听政的主要宫殿。

兴庆宫是唐玄宗时代的中国政治中心所在，也是他与爱妃杨玉环长期居住的地方，号称“南内”，为唐代长安“三内”之一。宫内建有兴庆殿、南熏殿、大同殿、勤政务本楼，花萼相辉楼和沉香亭等建筑物。

唐代开元、天宝年间，大唐国泰民安、四海升平，万方来朝，唐玄宗、杨贵妃常在兴庆宫内举行大型国务活动、文艺演出，因而在唐诗中留下无数佳作名句，李白那首脍炙人口的《清平调》便是起源于兴庆宫的沉香亭。“云想衣裳花想容，春风拂槛露华浓。若非群玉山头见，会向瑶台月下逢。名花倾国两相欢，常得君王带笑看。解释春风无限恨，沉香亭北倚栏杆。”

兴庆宫现址位于西安市碑林区和平门外咸宁西路北，百年名校西安交通大学北门外，1958年建成新中国最早的大面积占用遗址的文化公园。

兴庆宫历经扩建，宫城占地东西长1 080米，南北宽1 250米，总占地面积达1.344平方千米。兴庆宫平面为长方形，布局一反宫城布局的惯例，将朝廷与御苑的位置颠倒过来，由一道东西墙分隔成北部的宫殿区和南部的园林区。兴庆宫四周共设有六处城门，正门兴庆门在西垣偏北处，西垣偏南有金明门；东垣与兴庆门相对为金花门，东南隅为初阳门；北宫垣居中为跃龙门；南垣居中外垣为通阳门、内垣为明光门。朝会正殿兴庆殿建筑群位于兴庆门内以北，建筑群坐北朝南，前部有大同门，门内左右为钟、鼓楼，其后为大同殿，再后为正殿兴庆殿，最后为交泰殿。北门跃龙门内中轴线上，正殿为南薰殿，宫城东北部有新射殿、金花落等建筑。南部的园林区以龙池为中心，池东西长915米，南北宽214米，池东北岸有沉香亭和百花园，南岸有五龙坛、龙堂，西南有花萼相辉楼、勤政务本楼等。池西南发掘出17处建筑遗址，文献所记花萼相辉楼、勤政务本楼等大概就分布在这一带。相传龙池中曾大量种植荷花、菱角和各种藻类的隐华植物，池南岸还种有可解酒的醒醉草。东宫垣东侧有夹墙复道与大明宫、芙蓉园相通。宫内出土装饰瓦件种类甚多，仅莲花纹瓦当即有73种，又有黄、绿两色琉璃滴水。

大明宫麟德殿

麟德殿是大明宫的国宴厅，也是大明宫中最主要的宫殿之一，建于唐高宗麟德年间，毁于唐僖宗光启年间，存在时间约220年。

麟德殿规模宏伟，结构特别，堪称唐代建筑中的经典之作。

麟德殿位于大明宫太液池西的一座高地上，它的遗址已被发掘，底层面积合计约达5 000平方米，由四座殿堂（其中两座是楼）前后紧密串联而成，是中国最大的殿堂。

在主体建筑左右各有一座方形和矩形高台，台上有体量较小的建筑，各以弧形飞桥与大殿上层相通。据推测，在全组建筑四周可能有廊庑围成庭院。麟德殿以数座殿堂高低错落地结合到一起，以东西的较小建筑衬托出主体建筑，使整体形象更为壮丽、丰富。

殿下有二层台基，殿本身由前、中、后三殿聚合而成，故俗称“三殿”。三殿均面阔九间，前殿进深四间，中、后殿约进深五间，除中殿为二层的阁外，前后殿均为单层建筑，总面阔582米，总进深86米。在中殿左右有二方亭，亭北在后殿左右有二楼，称“郁仪楼”、“结邻楼”，都建在高7米以上的砖台上。自楼向南有架空的飞楼通向二亭，自二亭向内侧又各架飞楼通向中殿之上层，共同形成一组巨大的建筑群。在前殿东西侧有廊，至角矩折南行，东廊有会庆亭。

“瑞烟深处开三殿，春雨微时引百官。”唐朝诗人张籍的《寒食内宴》中这样描述盛唐时期唐大明宫麟德殿的盛景。皇帝经常在这里举行宫廷宴会、观看乐舞表演、会见来使等。公元703年，武则天在此会见并设宴款待日本遣唐使粟田真人，唐代宗曾在此一次欢宴神策军将士3 500余人。当时，唐代官员以能出席麟德殿宴会为荣。

史载在麟德殿大宴时，殿前和廊下可坐3 000人，并表演百戏，还可在殿前击马球，故殿前极有可能是开敞的广场。

麟德殿是迄今所见唐代建筑中形体组合最复杂的大建筑群。

北宋东京城的宫殿与南宋临安城的宫殿

北宋东京城在今开封市的位置，今开封城的城墙是明、清时期重建的。现在的开封城是北宋东京城的内城，也是五代时的旧都。五代四个王朝除后唐外，其余的梁、晋、汉、周四代都在这里建都。宋太祖赵匡胤夺取后周的政权，在这里建都，即北宋东京城。

开封是世界上唯一一座城市中轴线从未变动的都城，是中国八大古都之一。由于城市格局形成较早，古城风貌浓郁，因而历史文化积淀深厚，文物遗存丰富，加上开封拥有北方最独特的水系，使得开封到处弥漫着悠久的历史传统与丰富的文化内涵。

历史上，开封凭借河湖纵横、灌溉发达、气候温和、交通便利的有利条件，成为我国最早开发的地区。

北宋时期，开封作为国都汴京（东京），是中国政治、经济、军事、科技、文化、商业和城市的中心，也是当时世界上最繁华、面积最大的大都市。其建设规划思想独特，宏大的

城垣分外城、内城、皇城，三重城郭，三条护城河。城内交通水陆兼容，畅通无阻。在布局上、打破了封闭性的坊里制，代之以商住开放的城市街道形式，实行坊市合一，由此形成了商贾繁荣、人丁兴旺的景色。

宫城在全城的中心略偏北，布局为南北稍长的矩形。其中宫殿甚多，前后参差错落，都是按五代时的宫殿样式进行设计的。正南门内有大庆殿、东西门分别叫“左右太和门”；正殿叫“文德殿”，西掖门叫“东西上阁”、东西门叫“左右嘉福门”；大庆殿以北为紫宸殿，为视朝的前殿，西为垂拱殿，同样为视朝之所，再往西有皇仪殿、集英殿，并有升平楼为京中观宴之所。从整组建筑来看，主要的殿宇都建在中轴线上。此后金、元时期，乃至明、清各朝，均仿效这座宫城殿宇的布局来建设。北宋南迁以后，周围群众在宫殿的遗址处挖宝，年年动土，挖来挖去，该地成为两个大湖。到清末时已定名为“潘家湖”、“杨家湖”，这两个大湖一直留到今天。后来在土堆上又建设龙亭，使北宋东京城里的北宫殿区大为改观。

杭州，南宋时称为临安。地处长江三角洲南沿和钱塘江流域，地形复杂多样。杭州市西部属浙西丘陵区，主干山脉有天目山等。东部属浙北平原，地势低平，河网密布。具有典型的“江南水乡”特征。有着江、河、湖、山交融的自然环境。构成典型的城中有山、有水，山水环绕城市的风水格局。

临安城为南宋的都城，即今日杭州，据《马可·波罗游记》记载，宫殿分为三个部分，中间有门，门侧有两座金碧辉煌的大殿。据推测，这可能是丽正殿，共五间十二架，后门为和宁门，进门后有内庭、福宁殿，是宫殿的正寝，俗称“水圃寝殿”。由于南宋宫殿沿西湖建设，引水方便，便用水来环绕宫殿。它的布局也正反映宫殿用途的不同，主要的殿宇仍然布置在中轴线上。宫门内一院，再后为宫门、殿门、朝殿、寝殿等，其内建筑非对称式样，但不凌乱。轴线西部有库房，后部为游骑之所；轴东部前面的后辈院、皇城司与后部的苑囿相连，这是一处比较完整的宫殿。其中的西侧是天然胜景，园囿名苑也极兴盛，其间杭竹、梅花、白莲、芙蓉等皆为玉津园的主体点缀，亭、堂之中花卉绮丽，供人观赏。苑内还有万年桥，由玉石砌筑，桥面甚平，风味甚雅，另有水池十余亩，独种白莲。宫内桥边叠石为山，具有西湖园林的特征。

太平宫

太平宫，初名“太平兴国院”，又称“上苑”。系宋太祖为华盖真人刘若拙敕建道场，金明昌年间（1190~1195）重修。正殿名“三清殿”，配殿为三官殿和真武殿，坐落在崂山东部上苑山北麓、仰口湾畔。

传说距盐池河镇政府所在地8.5千米处的太平宫坐落在一个深山峡谷之中，四周重峦叠嶂，一条羊肠小道蜿蜒而至太平宫口。离宫口还有1千米时就能听见太平宫“哗哗”的流水声。水声在山间回荡，声势浩大。走进宫口，听着水声，只见白雾缭绕，奇石若隐若现的林立其中。拨开白纱般的水雾，是一个方圆百余米、深不见底的水潭。水潭正中耸立着一根10余米高的圆形石柱，石柱周围依偎着三块蛤蟆般的怪石。据说这三块怪石原是一整块巨石，被一个螃蟹精占据，每天早晨，她就会变成一个妖娆多姿的美女伏在巨石上哭泣。当有人循着这凄切的哭声找到她时，她便原形毕露，吃掉来人，久而久之，给成百上千个家庭带来了灾难。后来玉皇大帝派雷神除掉妖魔，一声巨雷，妖魔化成灰烬，巨石也被击成几块。从此这里太平无事，因此人们称这里为“太平宫”。再看潭水，原来是从数十米高的绝壁上倾泻下来的，像钉大桩子一样，声势如雷，在潭上溅起2米多高的水柱，千万朵浪花溅起的水珠像纷纷扬扬的杨花洒落而下。置身其中，就像进入了人间仙境，令人流连忘返。

太平宫在崂山之上，崂山古称“牢山”、“劳山”。坐落在山

东半岛的东南，西靠青岛，东、南两面濒临黄海。面积为386平方千米，崂顶巨峰，海拔为1 133米。既是中国道教名山，又是著名的避暑游览胜地。崂山景区包括太清宫、太平宫、北九水、华楼宫、鹤山和崂顶巨峰等景区与景点。奇峰怪石，漫山遍野，如狮子峰、绵羊石等。人称峻山的石峰是“天然的花岗岩群雕”。由于临海，山色海波相映，形成了紫霞云海乃至“海市蜃楼”的奇特景象。再加上闻名天下的崂山泉水，如“金液”、“靛缸湾”等，构成了崂山独具一格的自然景观，如《齐记》所云：“泰山虽云高，不如东海崂。”崂山自古被称为“神宅仙窟”、“海上仙山第一”。秦皇汉武都曾来此求仙。宋、元以来，宫观多次进行兴建，最盛时达“九宫八观七十二庵”。今尚存太清宫、太平宫、华楼宫等。这些建筑多为石壁瓦舍，简朴无华，具有道家宁静恬淡的色彩。其中太清宫中的汉柏唐榆至今仍蓊郁葱青。历代名道如丘处机、张三丰，文人李白、苏轼、蒲松龄等都曾来山中修炼或漫游，多有题刻吟咏，为奇丽的山水增添了几分文秀。

太平宫的殿宇，呈“品”字形，院门的照壁上单线钩刻“海上宫殿”四个大字。结构严谨，端正饱满，传为建宫时所镌刻。正殿旧祀三清和玉皇，配殿东祀三官，西奉真武，近年修整时，又重塑了一些神像。西院辟有茶室，院中有井名“龙涎”，井侧石上刻明代山东提学邹善的诗一首。东院有钟亭，内悬新铸仿古铁钟一口，列为一景，名曰“上苑晓钟”。

宋朝泉州天后宫

泉州天后宫位于今福建省泉州市。其殿宇甚多，构成一个较大的建筑群。

山门：五开间，前有廊柱，做一高二低式歇山式顶，两侧有围墙接连，左右开配门。

戏台：坐南面北，前边为大院子，看戏的人可在院中面南看戏。面阔6.4米，进深5.1米，高约8米。设计天后庙时，将戏台与山门连接，两座建筑合二为一。

东西阙：古有“秦宫汉阙”之说，后人建设也常采取这种方式，此处用以显出对天后娘娘的尊敬。泉州天后宫东西二楼，实际上是钟楼与鼓楼。

天后殿：即全庙的正殿，是明、清时期的木构建筑，占地635平方米，全殿建在台基上，台基高1米，全部用花岗石砌成。大殿正侧各五间，成为方形平面；立柱全用花岗石柱；殿顶做九脊重檐式，四坡水歇山式样，上覆琉璃瓦，用彩色瓷片砌筑成各种纹样，这使殿顶更加精美。殿中原有大型天后神像已拆除。

东西廊：实际是东西片廊，各20多间，贯通天后庙的东西。这样设计，也兼做东西之围墙，但是在廊子里，各间都塑有神像。

东西轩：与廊子连通，常作为香客休憩的地方。

寝殿：又名“后殿”，面阔七间，进深三间，殿顶为双坡悬山顶，为明代大木结构。

梳妆楼：在庙的后部，目前已毁。

兴庆府

西夏是党项拓跋氏所建的王朝。西夏国度兴庆府位于今宁夏银川贺兰山以东的黄河冲积平原上，是各大关隘的通道要害，具有非常重要的战略地位。

兴庆府呈长方形，周长9 000米，护城河宽30余米，南北各有两扇大门，东西各一门。西夏奠基者李继迁夺取宋灵州后，改灵州为西平府作为统治中心。其子李德明继位后，认为西平府地居四塞之地，不利于防守，不如怀远形势有利。公元1020年派遣大臣贺承珍督率役夫，北渡黄河建城，营造城阙宫殿及宗社籍田，定都于此，名为兴州。李德明的儿子李元昊继位后，1033年又对宫城进行了扩建，并升兴州为兴庆府。并在这里正式成立文武班，建立了西夏的统治机构。在城南筑台，于天授礼法延祚元年（1038）十月十一日在此受册，即皇帝位。西夏历代皇帝皆以此为都城。西夏崇宗李乾顺时期进行修建，主事者为梁国正献王嵬名安惠。先后建有戒坛寺、高台寺、承天寺等。

公元13世纪初，蒙古兵进攻西夏，退兵后，桓宗纯佑修复被破坏的城堡，大赦境内，改兴庆府为中兴府。此后的十余年间，蒙古又接连围逼中兴府。1227年，西汉末帝李投降，中兴府也遭到毁灭性的破坏。

芮城永乐宫

永乐宫的原址位于山西永济县永乐镇，相传这里是道教仙人吕洞宾的家乡。唐时，永乐镇建有吕公祠，金、元之际扩大为观，元时道教极盛，中统三年（1212）在原观被焚后扩大重建为“大纯阳万寿宫”。以后虽然屡经修葺，规模有所缩小，但主要部分仍保持原貌。

现存永乐宫除山门外，均在一条中轴线上，并按原状布置了四个建筑物，即无极门、三清殿、纯阳殿、重阳殿。永乐宫是现存最早的道教宫观，也是目前保存最为完整的一组元代建筑。

永乐宫保存着举世闻名的元代壁画，几个大殿内的壁画面积共有960平方米，三清殿和纯阳殿内的壁画尤为精美。

三清殿为永乐宫的主要大殿，殿内四壁及神龛内均绘满了壁画，13世纪时，艺术家们以飘逸流畅的线条描绘了近300个值日神像，其中有身材高大、神情严肃的“帝君”，也有持花微笑、凝眸欲语的“玉女”，如此众多的人物，高低错落，姿态不一，构图极富变化，又有完整统一的艺术效果，被认为是现存元代壁画中最为精彩的一幅。

纯阳殿面宽五间，四壁绘有“纯阳帝君仙游显化之图”，描绘吕洞宾生平事迹的绘画共52幅，每幅画自成中心，而以树、石、云、水等将52幅画面从构图上联结成一个整体。这些画上，有宫廷、村落、舟船、酒店，也有各类人物的形象，是研究元代人民生活情况的珍贵资料。在这个殿的神龛背面，还绘有吕纯阳向钟离问道的壁画，用笔简练，技法精湛，具有元代绘画的独特风格。

1959年，在永乐宫旧址修建黄河三门峡水库而迁移时，这960平方米的壁画被精心地揭取下来运至芮城新址，复原于迁建后的原建筑中。

北京风水概况

早在三千多年前的春秋战国时期，北京就是蓟、燕等诸侯国的都城，而秦始皇统一六国后，北京更是成为北方重镇和地方中心。元朝定都北京(太都)后，开创了北京作为全国统一政权的都城的历史，并一直持续至今。七百余年内，北京历经元、明、清三朝，除了明初短暂的数十年外，一直都是全国的政治、经济、文化中心。

遥远的时光几乎抹去了元大都的所有痕迹。如今我们只能在《马可·波罗行记》中想象元代北京城的“世界诸城无能与比”的繁华与壮丽，在断土残垣的城墙遗址凭吊那个逝去已久的王朝曾经震撼世界的辉煌。

但幸运的是，经过清代的不断修缮和建国后的妥善保护，我们今天依然在拥挤的高楼和立交桥之中看到明代北京城的影子。

其实北京的风水，早就被堪舆师所称道：

燕山最高，象天市，盖北干之正结。其龙发昆仑之中脉，绵亘数千里……以入中国为燕云，复东行数百里，起天寿山，乃落平洋，方广千余里。辽东、辽西两支，黄河前绕，鸭绿后缠，而阴山、恒山、太行山诸山与海中诸岛相应，近则滦河、潮河、桑干河、易水并诸无名小水，决身数源，界限分明。以地理之法论之，其龙势之长，垣局之美，干龙大尽，山水大会，带黄河，天寿，鸭绿缠其后，碣石钥其门，最是合风水法度。以形胜论，燕蓟内跨中原，外控朔漠，真天下都会。形胜甲天下，依山带海，有金汤之固。（《地理人子须知》）。

北京地处渤海湾地区，位于华北平原、蒙古高原和辽松平原之间，西北有蜿蜒逶迤的燕山山脉，西南则是巍巍太行余脉，南控华北平原，东面有山东半岛和辽东半岛呈环抱之势，拱卫渤海湾。北京地势是西北高、东南低，太行余脉和燕山山脉两山在南口关沟相会，形成一个合抱的小平原。在青青的群山之间，来自黄土高原的桑干河与来自蒙古高原的洋河汇合成为汹涌澎湃的永定河，流经京津，汇于海河，注入渤海湾。由于历代永定河水迁徙无常，至今北京依然保存着数条大型故道。综观北京地形，整个是背山面海，在山川河海襟带之间，形势雄伟，是藏风聚气的上佳风水格局。

而在宋儒朱熹的眼中，北京风水格局的气势之大，简直无与伦比：

前面黄河环绕，右畔是华山耸立为虎。自华来至中原为嵩山，是为前案。遂过去为泰山，耸于左，是为龙。淮南诸山是第二重案，江南诸山及五岭又为第三、四重案。

西岳华山是白虎砂，东岳泰山是青龙砂，中岳嵩山是前案，淮南、江南及五岭的的连绵群山又是二、三、四、重案。整个华夏大地的名山大川，都只是北京城的重重护卫，气象如此不凡，当真是“好大个风水”!(《地理人子须知》引朱熹语)

有了这样上佳的风水外局(宏观环境)，统治者似乎还嫌不够完美。

据研究，忽必烈定都元大都后，命刘秉忠和郭守敬师徒二人负责规划城市，营建宫室。二人堪舆过滔，根据山脉形式，将号称“天下第一泉”的玉泉出泉水的地上和地下水脉都引入皇城。地上，有人工开凿的渠道将泉水引入城内，流经太平桥、甘水桥、太液池，最后流入通惠河。因为玉泉山位于京西，八卦西方属“金”位，因此称“金水河”。刘、郭二人探明了玉泉山水的来龙去脉，于是在泉脉之上营建宫殿，开凿“大庖井”，建御膳亭，专供皇帝饮食使用。“大庖井”水质清冽，在京城水质仅次于玉泉山水，并且无论旱季涝季水位都恒定不变，因此明清两代，成为了皇家祭祀“龙泉井神”的圣地。

勘明了山脉、龙脉的走向后，子午轴线也就随之确定。水脉为东西横轴线，龙脉为南北纵轴线，在此基础上布置的风水内局就更为细致了。如紫禁城、天坛、地坛等各处皇家建筑和鼓楼、钟楼、德胜门等各处门楼，处处都能够看到精心的风水布局。整个北京城可谓集风水之大成。

北京城内的建筑，无论是大的格局，还是建筑内部各个部分的分配，均按照阴阳八卦所设置的。同时结合北京城整体的风水结构，巧妙安放，由此形成了北京城多姿多彩的建筑特色。特别是北京城独一无二的皇家宫殿——故宫，更是集建筑风水学大成的典范。

元代大都的宫殿

元代初年，首都在上都（今内蒙古多伦西北方向），后从上都迁到北京，定名为“大都”。

大都的宫殿分两大部分，分布在太液池的东西。池东叫“东内”，又叫“宫城”，在京城丽正门以北，一条中轴线贯穿宫城。前端为大明殿的范围，后部为延春门、延春阁的范围，这两组建筑都有重重殿阁与两侧东西庑。宫的北门为厚载门，宫城还建有东西角楼及东西华门。太液池以西叫“西内”，有隆福、兴圣二宫，又叫“海子西宫”。隆福宫在兴圣宫的前面，是太后的住处；兴圣宫为嫔妃的住所。隆福宫之内以光明殿为主，有东西盝顶殿、左右嘉喜殿、泰昌殿以及香殿。兴圣宫的正殿为兴圣殿，前半部做正方形宫院，周围有廊子环绕，出山门为后半部，有钟鼓楼等建筑，此外，还有宫廷配殿，式样繁多，殿阁密集。

主要宫殿中的正殿大多数都是“工”字形平面，以前殿作为会议中心、行政办公或举行大典的地方，后半部则作为寝宫，两组大殿之间由柱廊组成“工”字形连接。几处主要宫殿大多都采取这种布局方式。

“工”字型的宫殿布

局虽然始于宋代，但是大量建造还是在金、元时期。这一点已改变了传统的制度：在前殿内设帝后座位，大典之时帝后在坐。从这一点来看，它仍然采用草原上的蒙古习惯，与汉族的宫殿是根本不同的。

大殿外部采取汉族式样，内部还是以蒙古旧习惯为主的生活方式，如用丝质毛皮做“壁幛”和地衣悬铺，柱子也用毛织品包围，不显出梁柱。

正殿用红地金龙装饰的图案作为方柱，其次是在殿阁中大量做顶殿，采用黄色琉璃瓦。从宋代褐、绿二色，发展到黄、绿、青、蓝、白各色，普遍地应用于宫殿上，因此可以得知，在元代，琉璃瓦已大量发展起来。除了这些装饰以外，还运用紫檀、棕毛、玻璃等，如元代宫殿中文思殿、紫檀殿均用香木，檀木殿、棕毛殿纯用陶瓦，内部装有喷泉，这些都是由西方工匠营造的。另外，宫城四角设有角楼，多数楼内还设有喇嘛教的佛像。

元大都宫殿大体上分为三大部分。一是皇城后戴门以北之地设长廊与海子相连，开四门。引水穿池，设花木殿数处，其中有宝殿一

所，四面植牡丹百余株，这是主要的。万岁山、太液池这一处是大都内的唯一禁苑。太液池围绕着万岁山，山中奇石玲珑可爱，林柏苍翠，景色秀丽，山前有汉白玉石桥长200米，直通仪天殿。第二处为荷叶殿、方壶殿，各种楼台、景物无不具备。太液池周围列置芙蓉，为皇帝游乐处，西有木桥，可通兴圣宫之夹道。第三处是太液池以西园景，如御苑、隆福宫、前殿万寿园等，与唐代禁苑、北宋东京的艮岳相比，毫不逊色。

总的来说，元代宫殿建筑布局、式样、风格虽多模仿汉族，但是还有许多欧式风格，这些外来式样与传统的汉族式样都有些不同，到明代初年，元代宫殿被大量拆毁。

天坛

天坛位于北京城南部，是明、清两代皇帝每年祭天和祈祷五谷丰登的地方。天坛建于明永乐十八年（1420），与故宫同时修建，初名“天地坛”，嘉靖十三年（1534）改名为“天坛”，占地面积约为270万平方米，是我国现存最大的古代祭祀性建筑。永乐年间还在此合祭天地，直到后来在北郊另建地坛后，这里才专供祭天。天坛分为内坛和外坛两部分，主要建筑物都在内坛。南有圜丘坛、皇穹宇，北有祈年殿、皇乾殿，由一座高2.5米、宽28米、长360米的甬道，把这两组建筑连接起来。

圜丘建于明嘉靖九年（1530）。每年冬至在台上举行“祀天大典”，俗称“祭天台”。圜丘坛建造在南北纵轴上。坛墙南方北圆，象征天圆地方。圜丘坛在南，祈谷坛在北，二坛同在一条南北轴线上，中间有墙相隔。祈年殿建于明永乐十八年（1420），初名“大祀殿”，是一座矩形大殿。祈年殿于明嘉靖二十四年（1545）改为现在的三重顶圆殿，高38.2米，直径为24.2米，里面分别寓意四季、十二月、十二时辰以及周天星宿，是古代明堂式建筑仅存的一例。

北京天坛是世界上最大的古代祭天建筑群之一。在中国，祭天仪式起源于周朝，自汉代以来，历朝历代的帝王都对此极为重视。明永乐以后，每年冬至、正月上辛日和孟夏（夏季的首月），帝王们都要来天坛举行祭天和祈谷仪式。如果遇上少雨的年份，还会在圜丘坛祈雨。在祭祀前，通常需要斋戒。祭祀时，除了献上供品，皇帝也要率领文武百官在此朝拜祷告，以祈求上苍的垂怜施恩。

天坛建筑的主要设计思想就是要突出天空的辽阔高远，以表现

“天”的至高无上。在布局方面，内坛位于外坛的南北中轴线以东，而圜丘坛和祈年坛又位于内坛中轴线的东面，这些都是为了增加西侧的空旷程度，使人们从西边的正门进入天坛后，就能获得开阔的视野，以感受到上天的伟大和人类自身的渺小。就单体建筑来说，祈年殿和皇穹宇都使用了圆形攒尖顶，它们外部的台基和屋檐层层收缩上举，也体现出一种与天接近的感觉。

天坛还处处展示出中国传统文化所特有的寓意、象征的表现手法。北圆南方的坛墙和圆形建筑搭配方形外墙的设计，都寓意着传统的“天圆地方”的宇宙观。而主要建筑上广泛地使用蓝色琉璃瓦，以及圜丘坛重视“阳数”、祈年殿按天象列柱等设计，也是这种表现手法的具体体现。

1961年，国务院公布天坛为全国重点文物保护单位。1998年，天坛被联合国教科文组织确认为世界文化遗产。2009年，北京天坛入选中国世界纪录协会中国现存最大的皇帝祭天建筑。

北京皇穹宇

皇穹宇是供奉皇天上帝和皇帝祖先牌位的地方，建筑风格也是以圆形为基调，以宝顶为圆心向外扩展。殿内半拱层层上叠，天花板层层收缩，形成美丽的隆穹圆顶。殿内彩画以青绿为基调，以金龙为主要图案，或描金，或沥粉贴金，显得辉煌华丽，具有很高的艺术价值。

皇穹宇，也叫“回音壁”，建于明嘉靖九年（1530）。位于圜丘坛以北，初为重檐圆形建筑，名“泰神殿”，是圜丘坛的正殿。

用于平日供奉祭天大典的殿宇。嘉靖十七年（1538）改名为“皇穹宇”。清乾隆十七年（1752）重建，改为鎏金宝顶单檐蓝瓦圆攒尖顶。

皇穹宇殿高19.5米，直径为15.6米，木拱结构，檐柱、金柱各8根，南向开户，蓝琉璃槛墙，菱花格隔扇门窗，东西北三面封以砖俱干摆到顶。殿内穹窿圆顶，正中贴金盘龙藻井，贴金双龙天花，金柱贴金缠枝莲，内外施金龙和玺彩

画。殿内正中有前圆后翘角石须弥座，座高1.51米，直径为2.53米。上覆蓝瓦金顶，精巧而庄重。

皇穹宇为砖木结构，殿内没有横梁，全靠8根檐柱、8根金柱和众多斗拱支托屋顶，巧妙地运用了力学原理。三层天花藻井，层层收进，极具特色，为古建筑中少有。殿檐覆盖蓝色琉璃瓦，檐顶有鎏金宝顶，殿墙是正圆形磨砖对缝的砖墙，远远望去，就像一把金顶的蓝宝石巨伞。皇穹宇左右各有偏殿一座，面阔各五间，结构为单檐歇山顶，正殿外就是著名的回音壁、三音石和对话石。

皇穹宇围垣具有传声功效，俗称“回音壁”，历史上皇穹宇围垣的传声功效颇使人迷惑，长期以来人们无法科学地解释这一现象。1953年，汤定元教授对皇穹宇建筑的声学效果进行了测试，认为皇穹宇围垣周密，表面光洁，使声波不被墙体吸纳，进而发生了反射，于是产生了回音，形成了独特的声学现象。这是历史上第一次对天坛诸建筑的回声现象进行的科学解释。

北京故宫

北京故宫，旧称“紫禁城”，是明、清两代统治者的皇宫。“紫禁城”之名究其由来，是源于中国古代天象学将天上星宿分为三垣、二十八宿、三十一天的认识。三垣是指天微垣、紫微垣和天市垣，紫微垣居三垣中央，所谓“帝微居中”，故取紫微之座，象征帝居之宫和“紫气东来”的祥瑞。故宫坐落在北京城南北向的举世闻名的中轴线上，是我国现存最大、最完整的古建筑群，也是目前世界上最大的木结构古建筑群。

北京故宫初建于明永乐四年（1406），历经14年至永乐十八年（1420）基本建成（清代只做了部分改建和重建），迄今570多年中历经24个皇帝。

故宫南面为南北狭长的前庭，有天安门和端门，形成宫门前面一长列建筑的前奏。午门后为一方形广场，其上有弯曲的金水河横贯，河上跨五座汉白玉单拱石桥，桥北是九间重檐庑殿顶的太和门，其两侧并列昭德、贞度二门。广场东西有通往文华殿和武英殿的协和、熙和二门。入天安门过端门到午门，午门是宫城的正门，在“凹”形的城墙台基上建庑殿顶城楼，左右各建两座崇阁，与庑廊连为一体，构成庄严华美、气度非凡的五凤楼。经几重殿门、几重广场，入太和门，迎面为面阔十一间重檐庑殿顶的太和殿，中间是方形单檐攒尖顶的中和殿，最后为九间重檐歇山顶的保和殿，三大殿廊庑环绕，气势磅礴，为故宫中最壮观的建筑群。城四面开门：东为东华门，南为午门，西为西华门，北为神武门，四角矗立风格绮丽的角楼。墙外有宽50米的护城河环绕。

故宫建筑在巨大的白色大理石上，大理石呈“土”字形，三级基座上的太和殿、中和殿、保和殿三大殿为中心和文华殿、武英殿为两翼的建筑群为前朝。前朝是皇帝举行大典和召见群臣、行使权力的主要场所。以乾清宫、交泰殿、坤宁宫“后三宫”为中心和东西六宫为两翼的建筑群是后廷，后廷是皇帝处理日常政务和后妃、皇子们居住、游玩的地方，建筑气氛与前朝迥然不同。

从乾清门开始，在中轴线上的建筑物有乾清宫、交泰殿、坤宁宫及其周围十二座宫院。乾清宫东西的六组自成体系的院落，即东六宫和西六宫，每组院落都以前后殿、东西庑的标准格局组成。东六宫南面有奉先殿、斋宫和毓庆宫，西六宫前面是养心殿。内廷中轴线之东

有宁寿宫一组建筑，称“外东路”；西有慈宁宫、寿康宫、英华殿等。内廷另有花园三座，御花园在故宫中轴线最北部煞尾处，宁寿宫花园在宁寿宫养性殿之西，慈宁宫花园在慈宁宫之前。

从故宫的建筑形制来看，形象单一，模式固定，体量不大，并无特别令人景仰的特色。但它遵循了中国传统文化的“整体意识”，以群体空间组合和建筑体量的差别创造出强大的气势，震撼了人们的心灵；以富丽多变的装饰，规格化的彩绘、雕刻、陈设和大片黄色的琉璃屋顶及红墙、红柱等来表达统一中的“个性差异变化”，从而为全部建筑披上了一层庄严肃穆的色彩。

故宫以“外城威、内城严、内廷规”的思想表露出国威、家法、人情；以天安门广场的雄伟壮阔、午门广场的静穆、太和殿前广场的威严来凸显天子在上、臣民在下的封建等级思想。大量的小品建筑如华表、石狮、铜龟、铜鹤、日晷、嘉量、御路、栏杆、影壁等，均构成了局部的艺术点缀。故宫的色彩以红、黄为主，以黄色为尊，取“土”属五行中的中央之位和富贵之色。

故宫在总体布局上，继承了前人的经验并有所发展，充分显示了比实用功能更为重要的封建宗法礼制和皇权政治的精神作用。一座座殿宇在明确的中轴线贯穿下，层层递进，高潮迭起；一组组院落，或空阔，或狭窄，收放自如，张弛有度，形成院落间的强烈对比。

故宫建筑群体现了我国古代建筑艺术的特殊风格和杰出成就，是世界上优秀的建筑群之一。而这一杰作，从明代永乐年间创建后，500余年中，不断重建、改建，动用的人力和物力是难以估计的，真可谓“穷天下之力奉一人”。所以，这宏伟壮丽的故宫，是我国古代劳动人民智慧和血汗的结晶。

需要特别指出的是，故宫中每一个建筑的名称，事实上，也和周易中的卦象有关系。

北京故宫交泰殿

交泰殿位于故宫中路，乾清宫后。在清代，皇后生日那天，要在交泰殿举行典礼，接受皇贵妃、贵妃、妃、嫔、公主、福晋（亲王、郡王的妻子）等的朝贺。代表皇权的二十五宝玺存放在交泰殿，宝玺置于宝盒内，上面覆盖着黄绫。现在，宝盒仍按原来的位置陈设在交泰殿。交泰殿内陈列的大自鸣钟，其外壳是仿中国式楼阁型的木柜，通高近6米，共分上中下三层。钟楼背面有一小阶梯，登上阶梯，可以给自鸣钟上弦。

交泰殿为北京故宫内廷后三宫之一，位于乾清宫和坤宁宫之间，殿名取自《易经》，含“天地交合、康泰美满”之意。约为明嘉靖年

间建，顺治十二年（1655）、康熙八年（1669）重修，嘉庆二年（1797）乾清宫失火，殃及此殿，同年重建。

交泰殿平面为方形，面阔、进深各三间，为黄琉璃瓦四角攒尖鎏金宝顶。殿顶内正中为八藻井。单檐四角攒尖顶，铜镀金宝顶，黄琉璃瓦，双昂五踩斗拱，梁枋间饰龙凤和玺彩画。四面明间开门，三交六菱花，龙凤裙板隔扇门各四扇，南面次间为槛窗，其余三面次间均为墙。殿内顶部为盘龙衔珠藻井，地面铺墁金砖。殿中明间设宝座，上悬康熙帝御书“无为”匾，宝座后有板屏一面，上书乾隆帝御制《交泰殿铭》。东次间设铜壶滴漏，乾隆年后不再使用。在交泰殿内西次间一侧，设有一座自鸣钟，这是嘉庆三年（1798）制造的。皇宫里的时间都以此为准。自鸣钟高约6米，是中国现存最大的古代座钟。

北京故宫乾清宫

乾清宫是故宫内廷正殿，内廷后三宫之一。面阔九间，进深五间，高20米，为黄琉璃重檐庑殿顶。殿的正中有宝座，两头有暖阁。乾清宫始建于明代永乐十八年（1420），明、清两代曾因数次被焚毁而重建，现有建筑为清代嘉庆三年（1798）所建。

乾清宫是皇帝处理日常政务、批阅各种奏章的地方，后来还在这里接见外国使节。此殿每年元旦、灯节、端午、中秋、冬至、万寿等节，按例举行家族宴。皇帝驾崩后，灵柩停在此殿。明史上有名

的“壬寅宫变”、“移宫案”、“红丸案”等史载专案即发生在乾清宫。宝座上方悬“正大光明”匾一方，是雍正之后的皇帝秘密储藏传位诏书的地方，颇具神秘色彩。

乾清宫为后三宫之首，位于乾清门内。“乾”是“天”的意思，“清”是“透彻”的意思，一是象征透彻的天空，不浑不浊，寓意国家安定；二是象征皇帝的所作所为像清澈的天空一样坦荡。

乾清宫坐落在单层汉白玉石台基之上，建筑面积为1 400平方米，自台面至正脊高20余米，檐角置脊兽9个，檐下上层单翘双昂七踩斗拱，下层单翘单昂五踩斗拱，饰金龙和玺彩画，三交六菱花隔扇门窗。殿内明间、东西次间相通，明间前檐减去金柱，梁架结构为减柱的建造形式，以扩大室内空间。后檐两金柱间设屏，屏前设宝座，东西两梢间为暖阁，后檐设仙楼，两尽间为穿堂，可通交泰殿、坤宁宫。殿内铺墁金砖。殿前宽敞的月台上，左右分别有铜龟、铜鹤、日晷、嘉量，前设鎏金香炉四座，正中出丹陛，接高台甬路与乾清门相连。

北京故宫皇极殿

皇极殿是外东路的主体建筑。清朝康熙二十八年（1689）初建时，名为“宁寿宫”。乾隆三十七年（1772）修建时，改名为“皇极殿”，其后殿仍名“宁寿宫”。嘉庆元年（1796），86岁的太上皇即乾隆皇帝在皇极殿举行千叟宴，宴请60岁以上的官员。对两位年过百岁的老人赏予六品顶戴；对90岁以上的老人赏予七品顶戴。此外，还赏赐老人们如意、寿杖、朝珠、貂皮等。这次千叟宴的参加者多达3 056名。

乾隆三十七年（1772）至四十一年（1776）改建宁寿宫一区建筑时，将宁寿宫改称为“皇极殿”，作为乾隆皇帝归政后临朝受贺

之所。

皇极殿位于宁寿宫区中轴线前部，与后殿宁寿宫前后排列于单层石台基之上，其造型与乾清宫相仿。皇极殿坐北朝南，面阔九间，进深五间，取“帝尊九五”之制。为黄琉璃瓦重檐庑殿顶，前檐出廊，枋下浑金雕龙雀替。左、右次间设殿门，余各次间下砌槛墙。后檐明、次间辟为殿后门，可达宁寿宫，余各间砌墙。殿中四根沥粉贴金蟠龙柱，顶置八角浑金蟠龙藻井，下设宝座，品级仅次于太和殿。殿内左置铜壶滴漏，右置大自鸣钟，制作考究。

殿建于青白石须弥座上，前出月台。御路与甬道相接，直贯宁寿门，四周通饰汉白玉石栏板。月台左右及甬道两侧各设台阶。殿两侧为垂花门、看墙，分别与东、西庑房相接，将院落隔为前后两进。庑中开门，东为凝祺门，西为昌泽门。

皇极殿丹陛左右分置日晷、嘉量，是体现皇权的重要陈设。御道两侧各有六方须弥座一个，座上置重檐六角亭，亭身每面镌篆体“寿”字各三。石座中心铸有铁胆，每年腊月二十三至正月十五日，则改立灯杆于其中，是古代多用途基座实例，今仅存其座。另外，乾隆三十八年（1773）曾安设铜龟、铜鹤各一对，鼎炉两对，今皆不存。

皇极殿彩画原为金龙和玺彩画，慈禧太后60寿辰在此祝寿，将外檐改为枋心苏式彩画。1979年重新修缮后，恢复了乾隆时期的风貌。

北京故宫储秀宫

储秀宫是明、清两代后妃居住的宫室。在西六宫当中，储秀宫是建筑装饰最为考究的一座宫殿。这是因为西太后慈禧刚进宫被封为“兰贵人”时，在这里居住。到了晚年，慈禧又从长春宫移居储秀宫，接连住了10年。当时，为庆贺西太后50岁生日，储秀宫等处被修缮一新，耗费白银63万两。现在储秀宫内外的陈设，就是庆贺西太后50寿辰时的原状。宫内富丽堂皇，各种家具的木材多用紫檀、花梨等硬木。陈设品中有精雕细刻的象牙龙船和凤船等。

储秀宫位于北京故宫咸福宫之东、翊坤宫之北。建于明永乐十八年（1420）。嘉靖十四年（1535）更名为“储秀宫”。清顺治十二年（1655）重修。储秀宫为单檐歇山顶，面阔五间，前出廊。檐下斗拱、梁枋间饰以苏式彩画。东西配殿为养和殿、缓福殿，均为面阔三间，硬山顶式建筑。后殿丽景轩面阔五间，单檐硬山顶，东、西配殿分别为凤光室、猗兰馆。慈禧入宫后曾居住储秀宫后殿，并在此生下同治皇帝。

前殿悬挂有乾隆皇帝御笔匾为“茂修内治”。储秀宫庭院中，有两棵苍劲的古柏，台基下东西分设一对铜龙和一对铜鹿，这也是紫禁城东西六宫中唯一出现龙的特例。储秀宫外檐油饰采用色泽淡雅的“苏式彩画”，题材有花鸟鱼虫、山水人物和神仙故事等；门窗都是以质地优良的楠木雕刻的“万福万寿”和“五福捧寿”花纹。把整个庭院装饰得庄严古朴。储秀宫的内部装修精巧华丽。正间后面是楠木雕纹玻璃罩背。罩前设平台一座，平台上摆置紫檀木雕嵌寿字镜心屏风，屏风前设宝座、香几、宫扇、香筒等。

储秀宫门为楠木雕万字锦底、五蝠捧寿、万福万寿裙板隔扇门；窗饰万字团寿纹步步锦支摘窗。

明间正中设地屏宝座，后置五扇紫檀嵌寿字镜心屏风，上悬“大圆宝镜”匾。东侧有花梨木雕竹纹裙板玻璃隔扇，西侧有花梨木雕玉兰纹裙板玻璃隔扇，分别将东西次间与明间隔开。东次、梢间以花梨木透雕缠枝葡萄纹落地罩相隔，东次间南部设木炕，北部落地罩内为翘头案、桌椅；东梢间南部设木炕，北部为八角罩；西次、梢间以一道花梨木雕万福万寿纹为边框内镶大玻璃的隔扇相隔，内设避风隔，西次间南北部均设木炕，西梢间作为暖阁，是居住的寝室，南部设木炕，北部为寝床。

故宫三大殿

故宫的建筑依据其布局与功用分为“外朝”与“内廷”两大部分。外朝以太和、中和、保和三大殿为中心，是皇帝举行朝会的地方，也称为“前朝”，是封建皇帝行使权力、举行盛典的地方。此外两翼东有文华殿、文渊阁、上驷院、南三所；西有武英殿、内务府等建筑。

太和门内，在3万多平方米开阔的庭院中，是外朝的中心：太和殿、中和殿、保和殿，统称“三大殿”。这三座大殿是故宫中的主要建筑，它们的高矮造型不同，屋顶形式也不同，样式丰富。

（一）太和殿

北京故宫太和殿是“东方三大殿”之一，为中国现存最大的木结构大殿，俗称“金銮殿”，是皇权的象征。位于北京紫禁城南北主轴线的显要位置，明永乐十八年（1420）建成，称“奉天殿”。明嘉靖四十一年（1562）改称“皇极殿”，清顺治二年（1645）改今名。建成后屡遭焚毁，多次重建，今殿为清康熙三十四年（1695）重建后的形制。

太和殿是整个宫城的建筑主体及核心空间，上承重檐庑殿顶，下坐三层汉白玉台基，采用金龙和玺彩画，屋顶仙人走兽达11件，开间十一间，均采用最高形制。殿前设有广场，可容纳上万人朝拜庆贺，整个宫殿气势恢宏，不愧为整个宫城的主体建筑和核心空间。太和殿匾额为“建极绥猷”，为乾隆皇帝御笔。

太和殿建筑庄严堂皇，殿内中央摆有金漆雕龙宝座，两旁直立6根蟠龙金柱，上为穹隆圆顶，称为“藻井”，有镇压火灾之意。“井”内巨龙蟠卧，口衔宝球，称为“轩辕镜”，十分精美。太和殿外左右安放四只大铜缸，象征“金瓯无缺”；东有日晷，西有嘉量，象征皇权公正平允，另有铜龟、铜鹤各一对，象征“龟鹤千秋”。

太和殿面阔十一间，进深五间，建筑面积为2 377平方米，高26.92米，连同台基通高35.05米，是紫禁城内规模最大的殿宇。殿前有宽阔的平台，称为“丹陛”，俗称“月台”。殿下为高8.13米的三层汉白玉石雕基座，周围环以栏杆。栏杆下安有排水用的石雕龙头，每逢雨季，可呈现千龙吐水的奇观。

太和殿是紫禁城内体量最大、等级最高的建筑物，建筑规制之高，装饰手法之精，堪称中国古代建筑之首。而太和殿之上为建筑形式最高的重檐庑殿顶，屋脊两端安有高3.4米、重约4 300千克的大

吻，在中国古建筑的岔脊上，都装饰有一些小兽，这些小兽的排列有着严格的规定，按照建筑等级的高低而有数量的不同，最多的是故宫太和殿上的装饰，这在中国宫殿建筑史上是独一无二的，显示了至高无上的重要地位。第一个饰物是一个骑凤仙人，相传原是南朝齐明王，后修道升仙。仙人之后是十个小兽：龙、凤、狮子、天马、海马、狻猊、狎鱼、獬豸、斗牛、行什。这里有严格的等级界限，只有金銮宝殿（太和殿）才能十样齐全。中和殿是七个、保和殿是九个。其他殿上的小兽按级递减。

太和殿的装饰十分豪华。檐下施以密集的斗拱，室内外梁枋上饰以级别最高的和玺彩画。门窗上部嵌成菱花格纹，下部浮雕云龙图案，接榫处安有镌刻龙纹的鎏金铜叶。殿内金砖铺地，共铺二尺见方的大金砖4 718块。但是金砖并不是用黄金制成，而是在苏州特制的砖。其表面淡黑、油润、光亮、不涩不滑。苏州一带土质好，烧工精，烧成之后达到“敲之有声，断之无孔”的程度，方可使用，烧炼这种砖的程序极为复杂，一块砖起码要炼上一年。太和殿共有72根大柱支撑其全部重量，其中顶梁大柱最粗最高，直径为1.06米，高12.7米。明代用的是楠木，采自川、广、云、贵等地，要采取这种木材十分艰难，楠木往往长在深山老林之中，为此官员百姓不顾性命安危冒险取材，民间对此有“进山一千（人），出山五百（人）”的说法。清代重建后，用的是松木，采自东北三省的深山之中。太和殿的明间设九龙金漆宝座，宝座两侧排列六根直径为1米的沥粉贴金云龙图案的巨柱，所贴金箔采

用深浅两种颜色，使图案突出鲜明。宝座前两侧有四对陈设：宝象、甪端、仙鹤和香亭。宝象象征国家的安定和政权的巩固；甪端是传说中的吉祥动物；仙鹤象征长寿；香亭寓意江山稳固。宝座上方天花正中安置形若伞盖向上隆起的藻井。藻井正中雕有蟠卧的巨龙，龙头下探，口衔宝珠。

（二）中和殿

中和殿，明朝称“华盖殿”、“中极殿”，清顺治二年（1645）始称“中和殿”，是故宫三大殿之一，位于太和殿后。建成于明永乐十八年（1420）。中和殿高29米，平面呈方形，黄琉璃瓦四角攒尖顶，正中有鎏金宝顶。中和殿是皇帝去太和殿举行大典前稍事休息和演习礼仪的地方。皇帝在去太和殿之前先在此稍作停留，接受内阁大臣和礼部官员行礼跪拜，然后进太和殿举行仪式。另外，皇帝祭祀天地和太庙先农坛、社稷坛之前，也要先在这里审阅一下写有祭文的“祝版”；到

中南海演耕前，也要在这里审视一下耕具。中和殿曾历经三次火灾，现存建筑为明天启七年（1627）重建。

中和殿平面呈正方形，面阔、进深各为三间，四面出廊，金砖铺地，建筑面积为580平方米。屋顶为单檐四角攒尖，屋面覆黄色琉璃瓦，中为铜胎鎏金宝顶。殿四面开门，正面三交六隔扇门12扇，东、北、西三面隔扇门各4扇，门前石阶东西各一出，南北各三出，中间为浮雕云龙纹御路，踏跺、垂带浅刻卷草纹。门两边为青砖槛墙，上置琐窗。殿内外檐均饰金龙和玺彩画，天花为沥粉贴金正面龙。殿内设地屏宝座。门窗的形制则取自《大戴礼记》所述的“明堂”，避免了三座大殿的雷同。

“中和”二字的意思是，凡事要做到不偏不倚，恰如其分，才能使各方关系得到和顺，其意在于宣扬“中庸之道”。

中和殿内宝座前左右两侧有两只金质四腿独角异兽。它是人们想象中的一种神兽，传说能日行18 000里，懂得四方语言，能预见未来。将其放在皇帝宝座两旁，寓意君主圣明，同时可以用来烧檀香。放

在中和殿地平台两侧的铜薰炉，是用来生炭火取暖的。清代宫中烧用的是上好的木炭，名“红萝炭”。这种木炭气暖而耐烧，灰白而不爆。宝座两旁还放着两顶轿子，是清代皇帝在宫廷内部使用的交通工具。

（三）保和殿

保和殿，明朝称“谨身殿”、“建极殿”，清顺治时始称“保和殿”，也是故宫三大殿之一，在中和殿后。建成于明永乐十八年（1420）。保和殿高29.5米，建筑面积为1240平方米。平面呈长方形，黄琉璃瓦四角攒尖顶。屋顶有4条垂脊的亭子形的方殿。四脊顶端聚成尖状，上安铜胎鎏金球形的宝顶。保和殿是每年除夕皇帝赐宴外藩王公的场所，也是科举考试举行殿试的地方。清乾隆年间重

修。每年除夕，皇帝在此宴请少数民族王公大臣。自乾隆后期，这里便成为举行“殿试”的场所。“殿试”是科举制度最高一级的考试，每三年举行一次，被录取者称“进士”，前三名依次为“状元”、“榜眼”、“探花”。

太和殿和中和殿、保和殿都建在用汉白玉砌成的8米高的“工”字形基台上，太和殿在前，中和殿居中，保和殿在后，远望犹如神话中的琼宫仙阙。基台三层重迭，每层台上边缘都装饰有汉白玉雕刻的栏板、望柱和龙头，三台当中有三层石阶雕有蟠龙，衬托以海浪和流云的“御

路”。在25 000平方米的台面上有透雕栏板1 415块，雕刻云龙翔凤的望柱1 460个，龙头1 138个。这是中国古代建筑上具有独特风格的装饰艺术。而这种装饰在结构功能上，又是台面的排水管道。在栏板地石下，刻有小洞口；在望柱下伸出的龙头也刻出小洞口。每到雨季，三台雨水逐层由各个小洞口下泄，水由龙头流出，千龙喷水，蔚为壮观。这是融科学与艺术为一体的设计。

保和殿面阔九间，进深五间。屋顶为重檐歇山顶，上覆黄色琉璃瓦，上下檐角均安放着九个小兽。上檐为单翘重昂七踩斗拱，下檐为重昂五踩斗拱。内外檐均为金龙和玺彩画，天花为沥粉贴金正面龙。六架天花梁彩画极其别致，与偏重丹红色的装修和陈设搭配协调，显得富丽华贵。殿内金砖铺地，坐北朝南，设雕镂金漆宝座。东西两梢间为暖阁，安有板门两扇，上加木质浮雕如意云龙浑金毗庐帽。建筑上采用了减柱建造法，将殿内前檐金柱减去六根，增大了空间，使人倍感宽敞舒适。

奉先殿

奉先殿，位于紫禁城内廷东侧，为明、清皇室祭祀祖先的家庙，始建于明初。清沿明制，于清顺治十四年（1657）重建，后又进行多次修缮。

奉先殿为建立在白色须弥座上的“工”字形建筑，四周围以高垣。前为正殿，后为寝殿。前殿面阔九间，进深四间，建筑面积为1 225平方米。黄色琉璃瓦重檐庑殿顶，檐下彩绘金线大点金旋子彩画。前檐中五间开门，为三交六菱花隔扇门，后檐中五间接穿堂，余皆为槛窗。殿内设列圣列后龙凤神宝座、笾豆案、香帛案、祝案、尊案等。后殿面阔九间，进深两间，建筑面积为755平方米。黄色琉璃瓦单檐庑殿顶，外檐彩画也为金线大点金旋子彩画。前檐中五间接穿堂，余为槛窗。殿内每间依后檐分为九室，供列圣列后神牌。前后殿之间以穿堂相联，形成内部通道。室内皆以金砖铺地，浑金莲花水草纹天花。殿前月台宽40米，深12米，总面积为500平方米，陈设日晷、嘉量。须弥座及月台四周设栏板、龙凤纹望柱。无配殿、庑房，仅

在殿前奉先门外正南有群房13间，为神库、神厨。东边有一座小院，内有一座三间的小殿，为明嘉靖帝朱厚为奉其父兴献王朱所建。

奉先殿前殿主要供陈设宝座用，宝座均为木雕罩金漆，设有坐垫和靠背，在举行一些祭祀活动时，须将供奉于后殿的已故帝后牌位移至前殿，这些牌位即安设于宝座的木座上，故宝座数目与后殿所供牌位数相一致。前殿内还有各类供桌、供器、祭器等物。奉先殿后殿内原分有隔间，每间供奉一代帝后神龛，神龛内各有金漆宝座一个，帝后牌位安置其上，每个牌位均附有锦被一床、枕头一个，至清亡时，共有牌位33个。在隔间外也设置有宝座，数目也与牌位数一致，至清亡时共有33把。此外，后殿内同样尚有各类供桌与供器、祭器、灯具等物。

养心殿

养心殿建于明嘉靖年间，位于内廷乾清宫西侧。清初顺治皇帝病逝于此地。康熙年间，这里曾经作为宫中造办处的作坊，是制作宫廷御用物品专用场所。自雍正皇帝居住养心殿后，造办处的各作坊遂逐渐迁出内廷，这里就一直作为清代皇帝的寝宫，至乾隆年加以改造、添建，成为一组集召见群臣、处理政务、皇帝读书、学习及居住为一体的多功能建筑群。一直到溥仪出宫，清代共有八位皇帝先后居住在养心殿。

养心殿为“工”字形殿，前殿面阔三间，进深三间。黄琉璃瓦歇山式顶，明间、西次间接卷棚抱厦。前檐每间各加方柱两根，看上去就像九间。养心殿的名字出自孟子的“存其心养其性以事天”，

意思就是涵养天性。为了改善采光条件，养心殿成为紫禁城中第一个装上玻璃的宫殿。皇帝的宝座设在明间正中，上悬雍正御笔“中正仁和”匾。明间东侧的“东暖阁”内设宝座，向西，这里曾经是慈禧、慈安两位太后垂帘听政的地方。明间西侧的西暖阁则分隔为数室，有

皇帝看阅奏折、与大臣密谈的小室，悬雍正御笔匾额曰“勤政亲贤”，有乾隆皇帝的读书处三希堂，还有小佛堂、梅坞，是专为皇帝拜佛、休息的地方。

养心殿的后殿是皇帝的寝宫，共有五间，东西稍间为寝室，各设有床，皇帝可随意居住。后殿两侧各有耳房五间，东五间为皇后随居之处，西五间为贵妃等人的住处。寝宫两侧各设有围房十余间，房间矮小，陈设简单，是供妃嫔等人随侍时临时居住的地方。

养心殿前有琉璃门，曰“养心门”，门外有一东西狭长的院落，乾隆十五年（1750）在此添建连房三座，房高不过墙，进深不足4米，为宫中太监、侍卫及值班官员的值宿之所。现为宫廷原状陈列。

乾清宫前西出月华门，为西一长街，门正对面为琉璃随墙门——遵义门，又称“膳房门”。进门正对面为黄色琉璃照壁，其后为养心殿第一进东西横长的院落，院内西侧、东南、东北墙根下为连檐通脊的廊房三间，共34间。建于乾隆十五年（1750），为太监的值房。

南面正中为养心门，坐北朝南。歇山顶黄琉璃瓦门楼，进门为木

照壁，牌楼式，中间为隔扇门可开启，但是平时一般不开，只有皇帝进出养心殿的时候才开。绕过照壁是养心殿的正殿，南北长63米余，东西宽近80米，面积为5 000平方米。整个院落分前院（养心殿前殿）和后院（后寝殿）。

东暖阁就是东次间和梢间，分南北向前后两室，以隔扇分割。南室靠窗为一通炕，东壁西向为前后两重宝座，是清末慈禧皇后垂帘听政的地方。东暖阁西南原有御笔“明窗”，为皇帝每年元旦开笔之处。北室虚分东西两室，东一间小室无窗，靠北墙为床，为皇帝斋戒时的寝宫，此室有仙楼，原为供佛处。西室靠北位窗，西小间北窗下设宝座，有匾“随安室”、“寄所托”等，为皇帝御笔。后“随安室”匾移到了东小室寝宫床上。“寄所托”原为后室的中室，清末改为“寿寓春晖”。

西暖阁就是西次间和梢间，分南北前后两室，前室西为“三希堂”，额为乾隆御笔，因内储晋代书法大家王氏的三张书帖而得名。东墙有小门通中室——勤政亲贤，匾额为雍正御笔，南为窗，北设宝座，为皇帝召见大臣之处。为保密起见，南窗外抱厦设木围墙。东为夹道，有门通后室。后室也隔有小室，西室曰“长春书屋”，东室为“无倦斋”，乾隆间设佛堂于此，养心殿西耳殿为“梅坞”，为乾隆三十九年（1774）添建。殿面南，为一间，黄琉璃瓦硬山顶。

太极殿

太极殿，原名“未央宫”，清代改称“太极殿”，为紫禁城内廷西六宫之一，建于明永乐十八年（1420）。因嘉靖皇帝的生父兴献王朱祐杬生于此，故于嘉靖十四年（1535）更名“启祥宫”。清初沿明旧，于康熙二十二年（1683）、咸丰九年、光绪十六年（1890）重修或大修。

太极殿原为二进院，清后期改修长春宫时，将太极殿后殿辟为穿堂殿，后檐接出抱厦，并与长春宫及其东西配殿以转角游廊相连，形成回廊，东西耳房各开一间为通道，使太极殿与长春宫连接成相互贯通的四进院。正殿前后出廊，明间开门，外檐绘苏式彩画，门窗饰万字锦地团寿纹，次间、梢间均为槛墙、步步锦支窗。室内间以花罩、扇相

隔。殿前方有高大的琉璃影壁，为咸丰九年（1859）大修长春宫时添建。东西有配殿各三间，原檐里装修，北次间开门，咸丰九年时改为前出廊，明间开门。后殿现称“体元殿”，也有东配殿怡性轩，西配殿乐道堂。东西各有耳房三间，其中一间辟为通道连通后院。明万历二十四年（1596），乾清、坤宁两宫发生火灾后，明神宗朱翊钧曾在此宫居住；清同治、光绪年间，慈禧太后曾居此及长春宫；逊帝溥仪出宫前，同治帝的瑜贵妃也曾居住在这里。现建筑完好。今为宫廷生活原状陈列。

太极殿面阔五间，室内饰石膏堆塑五福捧寿纹天花，系清末民初时所改。明间与东西次间分别以花梨木透雕万字锦地花卉栏杆罩与球纹锦地凤鸟落地罩相隔，正中设地屏宝座。殿前有高大的祥凤万寿纹琉璃屏门，与东西配殿组成一个宽敞的庭院。

养性殿

养性殿位于宁寿宫后的养性门内，为宁寿宫后寝宫的主体建筑之一。清乾隆三十七年（1772）仿内廷养心殿建造，形制略小，平面布局特殊。

养性殿为黄琉璃瓦歇山顶，面阔三间，每间以方柱支撑，隔为九间，前接卷棚抱厦四间。明间、次间开门，原为三交六菱花隔扇，现为玻璃门窗，明间四扇，余各两扇。进深四间，室内隔为小室数间，曲折回环。明间前后开门，中设宝座，顶置八角浑金蟠龙藻井，片金升降龙天花。左右置板墙与东西次间相隔，墙各辟门，对称而设，门楣之上置毗庐帽。东暖阁分为前后两组空间，前曰“明窗”，后曰“随安室”，室东悬“俨若思”匾，皆为乾隆皇帝御笔。西暖阁隔为数间小室，北室为佛堂，建仙楼两层，内置佛塔、佛像，庄严肃穆；南室称“长春书屋”。尽间仿养心殿三希堂制辟为墨云室，因毕沅进古墨而定名。西山墙外耳房仿养心殿梅坞而建，与殿相通，取名“香雪堂”。内以白石依墙堆砌山景，南面开窗，西、北、东三面彩绘壁画，西山墙辟小窗可观宁寿宫花园一角。

养性殿作为太上皇帝的寝宫，原为和玺彩画。光绪年间慈禧太后居乐寿堂时，曾在养性殿东暖阁进早、晚膳。此殿在光绪十七年（1891）重修后，除墨云室仍为和玺彩画外，其他均改为苏式彩画。

英华殿

英华殿位于北京紫禁城内廷外西路西北，始建于明代，初曰“隆禧殿”，隆庆元年（1567）改为今名。清乾隆三十六年（1771）重修。英华殿是明、清两代皇太后及太妃、太嫔礼佛之地。

整座院落南北长108米，东西宽约73米，占地约7 800平方米。分为南北两进院，南院中部辟山门，门后为宽敞的庭院。第二进院门为英华门，正北即英华殿，门、殿之间有一碑亭。于殿后宫墙西北隅辟门，北出可至神武门内西横街。英华殿院落东西两侧原各有一座跨院，东跨院及内诸旗房于清乾隆八年（1743）拆除，改为西筒子路北段，西跨院至今尚存。

英华殿坐北朝南，面阔五间，黄琉璃瓦单檐庑殿顶。明间开门，三交六菱花隔扇门四扇，次间、梢间为槛窗，三交六菱花隔扇窗各四扇。殿内设佛龛七座，供西番佛像。殿前出月台，上陈香炉一座。台前有高台甬路与英华门相接。甬路两侧各植菩提树一株，为明万历皇帝生母圣慈李太后亲手所植。殿前碑亭内的石碑上刻乾隆御制英华殿菩提树歌、菩提树诗。殿的左右各有耳殿三间，黄琉璃瓦硬山顶，均为明间开门，双交四菱花隔扇门四扇。

宝华殿

宝华殿位于雨花阁后的昭福门内，是清宫中正殿佛堂区中主供释迦牟尼佛的一处佛堂，今殿内明间尚悬咸丰皇帝御笔“敬佛”匾额。

宝华殿坐北朝南，面阔三间，进深一间，黄琉璃瓦歇山式顶，后檐明间接抱厦一间，整体建筑呈“凸”字型，与北面前檐出厦的中正殿遥相呼应，呈南北对称格局。

清代，宝华殿设四方铜镀金大龛一座，内供一尊金胎释迦牟尼佛像。龛前的神案上供观音菩萨和阿弥陀佛铜像。东、西次间沿墙的神案上也陈设佛像、供器。这里的日常佛事活动主要是喇嘛诵经和设供献等。清代皇帝每年数次到这里拈香引礼。

宝华殿前为一广场式院落，院中央洁白的汉白玉石须弥座上置三足宝鼎青铜大香炉一座，上落款“大清乾隆乙巳年造”。靠北东西各竖汉白玉石基座幡杆一根。

体元殿

北京故宫体元殿原为启祥宫后殿，清咸丰九年（1859）将此殿改为前后开门的穿堂殿，咸丰御笔题匾曰“体元殿”。殿为黄琉璃瓦硬山顶，面阔五间，明间前后开门，次间、梢间为槛墙、支窗。室内各间安花罩虚隔，唯西梢间自成一室，有门与次间相通。东西各有耳房三间，中一间辟为通道，连通长春宫。殿后接抱厦三间，黄琉璃瓦卷棚顶，面北，与长春宫相对，为清晚期宫中唱戏的小戏台，也称“长春宫戏台”。该殿现为宫廷生活原状陈列。

体元殿是晚清时期在拆除长春门和太极殿后殿的旧址上建成的，为清代后妃居住的宫殿。

与体元殿后檐相连，建有抱厦三间，台基高出地面30多厘米，宽敞典雅，这就是长春宫戏台。

西太后经常在长春宫看戏，她五十寿辰时，同妃、嫔、命妇等每天在这里看戏，连看了半月之久。

体和殿

体和殿位于西六宫的翊坤宫之后，原为翊坤宫的后殿，清光绪年间将此殿改为前后开门的穿堂殿，名曰“体和殿”。殿为黄琉璃瓦硬山顶，面阔五间，前后开门。东二间相连，慈禧太后居住储秀宫时曾在此进膳。中间为过道，可出入。西次间也连通，为饭后饮茶休息的地方。殿之东西耳房各有一间辟为通道，可连通翊坤、储秀两宫。殿前有东西配殿，东南有一座井亭。后檐出廊，东西两侧接游廊，北转与储秀宫东西配殿相连。

体和殿是晚清时期在储秀门和翊坤宫后殿拆除后的旧址上建成的。这种改建方式是将储秀宫、体和殿和翊坤宫打通，三座宫殿连成一体，专为西太后所用。该殿现为宫廷生活原状陈列。

重华宫

重华宫位于北京内廷西路西六宫以北，原为明代乾西五所之二所。弘历为皇子时，初居毓庆宫，雍正五年（1727）成婚后移居乾西二所，雍正十一年（1733），弘历被封为“和硕宝亲王”，住地赐名“乐善堂”。弘历登基后，此处作为肇祥之地升为宫，名重华。重华之名出自《书·舜典》，孔颖达疏：“此舜能继尧，重其文德之光华。”尧舜乃上古的贤明帝王，舜继尧位，后人以尧天舜日比喻理想的太平盛世。大学士张廷玉、鄂尔泰拟此宫名，意在颂扬乾隆皇帝有舜之德，继位名正言顺，能使国家有尧舜之治。

重华宫沿用乾西二所的三进院落格局。前院正殿为崇敬殿，面阔五间，进深三间，黄琉璃瓦歇山顶，前檐正中接抱厦三间，为改建后所添。明间开门，古钱纹棂花隔扇门四扇，其余为槛窗。殿内正中悬弘历为和硕宝亲王时亲笔书匾额“乐善堂”。

中院正殿即重华宫，面阔五间，进深一间，为黄琉璃瓦硬山顶，明间开门，余皆为槛窗，前接抱厦三间。殿内明间与东、西次间均以紫檀雕花隔扇分隔，隔扇雕刻精美，是紫禁城宫殿内檐装修的上乘之作，东次间隔扇于光绪十七年（1891）拆除，改为子孙万代葫芦落地罩。

重华宫左右配殿各面阔三间，进深一间，为黄琉璃瓦硬山顶。东配殿曰“葆中殿”，殿内额曰“古香斋”，曾收贮《钦定古今图书集成》；西配殿曰“浴德殿”，殿内额曰“抑斋”，为乾隆皇帝的书室。院内东西各有井亭一座，东井亭内有井，西井亭仅为对称而设。后院正殿为翠云馆，两侧有耳房及东西配殿。翠云馆面阔五间，进深一间，黄琉璃瓦硬山顶，明间开门，余皆为槛窗。殿内黑漆描金装修，十分精美。东次间匾曰“长春书屋”，为乾隆皇帝即位前读书的地方。

故宫南薰殿

南薰殿始建于明代，位于外朝西路、武英殿西南，是一处独立的院落。殿面阔五间，为黄琉璃瓦单檐歇山顶。

殿内明、次间各设朱红漆木阁，分五层，供奉历代帝王像。每轴画像均用黄云缎夹套包裹，装入木色小匣，按阁的层次分别安放。殿的东室安放历代皇后像；西室放置一木柜，贮明代帝后册宝。殿内木构及彩画均为明朝遗物，十分珍贵。

明代，上徽号、册封大典前，阁臣率中书于此撰写金宝、金册文。明崇祯三年（1630），命武英殿中书画历代明君贤臣图，置于文华、武英两殿，清乾隆十四年（1749）重新装潢，移藏于南薰殿。

殿内有乾隆《御制南薰殿奉藏图像记》卧碣，文中详细记载了殿内的尊藏：自太昊、伏羲以下，共有帝王贤臣画像（卷、册、轴）共121份，所绘大小人像共583名，其中帝后像黄表朱里，臣工像朱表青里。

据档案记载，南薰殿一共收藏了中国历朝历代的皇帝、皇后肖像75幅，其中皇帝画像63幅。在63幅皇帝画像中，大多数皇帝都是一人一幅画像，唐太宗有3幅，宋太祖有4幅，其中画像最多的是明太祖朱元璋，他一人就有13幅画像。如今，这13幅画像其中1幅珍藏在北京故宫博物院，其余12幅画像收藏在台北故宫博物院。

该殿现保存完好，是紫禁城中为数不多的明朝殿堂。

武英殿

北京故宫武英殿始建于明朝初年，位于外朝熙和门以西。武英殿正殿南向，面阔五间，进深三间，为黄琉璃瓦歇山顶。须弥座围以汉白玉石栏，前出月台，有甬路直通武英门。后殿的敬思殿与武英殿的形制有点相同，前后殿间以穿廊相连。东西配殿分别是凝道殿、焕章殿，左右共有廊房63间。院落东北有恒寿斋，西北为浴德堂。武英殿与位于外朝之东的文华殿相对应，即一文一武。

明初帝王斋居、召见大臣都是在武英殿，后移至文华殿。崇祯年间，皇后千秋、命妇朝贺仪也在此举行。明代于武英殿设待诏，选择能画者居之。

明末农民起义军领袖李自成于崇祯十七年（1644）春攻入北京，成立大顺政权。但很快就因军心懈怠，无力抵抗入关的清兵，只在四月二十九日于武英殿草草举行了即位仪式，第二天便撤离了北京。

清兵入关之初，摄政王多尔衮先行抵京，以武英殿作为理事之所。清初武英殿用于举行小型朝贺、赏赐、祭祀等仪典。康熙八年（1669），因太和殿、乾清宫等处维修，康熙皇帝曾一度移居武英殿。

康熙年间，首开武英殿书局。康熙十九年（1680）将左右廊房设为修书处，掌管刊印装潢书籍等事务，由亲王大臣总理，下设主事、监造、笔帖式、总裁、总纂、纂修、总裁、协修等30余人，由皇帝和翰林院派充。康熙四十年（1701）以后，武英殿大量刊刻书籍，使用铜版雕刻活字及特制的开化纸印刷，字体秀丽工整，绘图完善精美，书品甚高。乾隆三十八年（1773），命将《永乐大典》中摘出的珍本138种排字付印，御赐名《武英殿聚珍版丛书》，世称“殿本”。道光二十年（1755）后刊书甚少，仅存其名。武英殿之书凡存而不发者一向贮于敬思殿中。嘉庆十九年（1814）夏清查存书，将完好者移贮武英殿，残缺之书变价出售，此后敬思殿实际作为存储版片之处。

同治八年（1869），武英殿遭火焚，正殿、后殿、殿门、东配殿、浴德堂等建筑共37间被烧毁，书籍版片也被焚烧殆尽。同年重建。

2005年故宫开始进行大修之后，武英殿区被修缮，现已完成，作为故宫博物院的书画馆。其东西配殿为典籍馆。

文华殿

文华殿始建于明朝初年，位于外朝协和门以东，与武英殿东西遥遥相对。因其位于紫禁城东部，并曾一度作为“太子视事之所”，“五行说”东方属木，色为绿，表示生长，故太子使用的宫殿屋顶覆绿色琉璃瓦。

文华殿初为皇帝日常御用的便殿，明天顺、成化两朝，太子践祚之前，先于文华殿处理政务。后因众太子大都年幼，不能参与政事，嘉靖十五年（1536）仍改为皇帝便殿，后为明经筵之所，建筑随之改作黄琉璃瓦顶。嘉靖十七年（1538），在殿后添建了圣济殿。明末李自成攻入紫禁城后，文华殿建筑大都被毁。清康熙二十二年（1683）始重建，其时武英殿尚存，因此“一切规殆依明制为之”。乾隆年间，在圣济殿遗址上修建了文渊阁。

文华殿主殿为“工”字形平面。前殿即文华殿，南向，面阔五间，进深三间，黄琉璃瓦歇山顶。明间开六扇三交六菱花隔扇门，次间、梢间均为槛窗，各开四扇三交六菱花隔扇窗。东西山墙各开一方窗。殿前出月台，有甬路直通文华门。后殿为主敬殿，规制与文华殿略似但进深稍浅。前后殿间以穿廊相连。东西配殿分别是本仁殿、集

义殿。

明、清两朝，每年春、秋仲月，都要在文华殿举行经筵之礼。清代以大学士、尚书、左都御史、侍郎等人充当经筵讲官，满汉各8人。每年以满汉各2人分讲“经”、“书”，皇帝本人则撰写御论，阐发讲习“四书五经”的心得，礼毕，赐茶赐座。明、清两朝殿试阅卷也在文华殿进行。

明代设有“文华殿大学士”一职，以辅导太子读书。清代逐渐演化形成“三殿三阁”的内阁制度，文华殿大学士的职能变为辅助皇帝管理政务，统辖百官，权限较明代大为扩展。

文华殿在建筑布局上，是三大殿的右翼，在功能上，则是外朝三大殿的补充。文华殿前有文华门，后有主敬殿，东西向有配殿。东侧还有跨院称“传心殿”，是“经筵”前祭祀孔子的地方。院内有一井名叫“大庖井”，井水甘甜，名冠京华，可与京西玉泉山中的水相媲美，故有“玉泉第一，大庖井第二”之说，井水至今仍未干涸。

传心殿

传心殿始建于清康熙年间，位于紫禁城东南角的文华殿东侧，是一组由长方形院落组成的祭祀性建筑。殿正中设皇师伏羲、神农轩辕位，帝师陶唐、有虞位，王师禹、汤、文武位，皆为南向。殿东为周公位，殿西为孔子位。整个院落南北长100米，东西宽25米，占地2500平方米。院子前方无正门，而在东、西两墙的前半部各开一随墙式琉璃门，上覆黄色琉璃瓦。东墙较高，西墙与文华殿院墙相邻，墙体稍矮，故西门楼高于院墙，为整式琉璃门楼。东门与东华门遥望，

西门与文华殿东角门毗邻，中隔夹道，相错而开。穿过文华殿东角门，经传心殿可至文华殿前庭院，经传心殿西门又可由文华殿到达传心殿院内，整个院落好似文华殿的一个跨院。

传心殿院落由南向北分别由治牲所、景行门、传心殿三座主要建筑组成。殿后有祝版房、神厨、值房等附属建筑。其中治牲所坐南朝北，为倒座房，景行门和传心殿皆为南向。治牲所夹东西墙而建，面宽五间，进深三间，屋面为两坡硬山式顶，覆黄色琉璃瓦，两山面饰琉璃博风，铃铛排山脊，脊首为仙人，依次排列龙、凤、狮子、天马、海马五种珍禽异兽，其后为截兽。景行门面宽三间，仅于中部明间开门，黄瓦悬山式屋顶露明五花山面，饰旋子彩画，脊兽规制与治牲所相同。门之北即为全院主建筑——传心殿，面宽五间，进深三间，为黄瓦硬山式屋顶。殿后祝版房、神厨各三间，值房五间。

传心殿是皇帝御经筵前行“祭告礼”的建筑。“经筵”是专为皇帝研读经史开设的讲席，一般于每年春季的二月至五月和秋季的八月至冬至间举行，逢单日设讲，酷暑、严寒时节辍免。开讲期间由学识广博的大臣轮流侍讲，精选名篇阐释其义，为治国理政提供借鉴。

斋宫

斋宫是皇帝进行斋戒的场所，在皇室的各种祭祈建筑中，都建有斋宫，现存最完整的斋宫建筑是北京天坛的斋宫。斋宫在天坛圜丘坛成贞门外西北，坐西朝东，平面为方形。宫墙共两层，外层叫“砖城”，周长66.07米；内层宫墙叫“紫墙”，周长41.33米。围墙正东有宫门二道，左右各有一座角门，角门前面又各有一座汉白玉石桥。紫墙四周有167间回廊环绕，是守卫宫墙的八旗兵丁遮避风雨霜雪的地方。回廊上画有1 300多幅人物、山水、花卉、翎毛等彩画。回廊外面有深池环绕，整个斋宫层层设防。石桥前面南北各有朝房五间，是侍卫和禁军兵将的临时住房。

进二道宫门，迎面就是斋宫的五间正殿。殿座全是汉白玉石基和石柱。建筑结构和正式宫殿一样，为重檐垂脊，吻兽俱全。但殿顶呈拱券形，不露栋梁榱桷痕迹，故名“无梁殿”，是北京著名的古建筑。殿前左右各置配殿三间，露台之上，左右各置一座高大的白石

亭子，左边的叫“斋戒铜人亭”，右边的叫“时辰亭”。清帝入斋宫时，先在斋戒铜人亭内的小方桌上铺一块黄云缎桌布，上摆一尊铜铸人像，乌纱玉带，手持“斋戒”牌，以此警示皇帝要虔诚斋戒，切忌胡思乱想。这尊铜像，据说是唐太宗李世民统治时期的著名宰相魏征。上祭时间一到，铜像立即撤去。斋宫的东北角有一座钟楼，是乾隆时期修建的。里面悬挂着明朝永乐年间铸造的大铜钟。皇帝祭天的时候，从起驾出斋宫就开始鸣钟，到皇帝登上坛台时，钟声即止，大祭礼毕，钟声再起。

正殿后面还有五间大殿，是皇帝斋戒时的寝宫。明、清两代帝王，按照典制规定。每到祭天的前三天，都必须先到帝宫内独宿三天三夜，不吃荤腥葱蒜，不饮酒，不娱乐，不理刑名（与司法有关的事

项），不吊祭，不近妇女，多洗澡，名为“斋戒”，又叫“致斋”。雍正即位以后，因担心被人暗杀，不敢在斋宫中一人独宿三昼夜，就想出了一个“内斋”与外斋相结合的办法。雍正九年（1731），他下令在皇宫的内东路南端，另建了一座斋宫，叫“内斋”，天坛内的斋宫叫“外斋”。从祭日的前三天开始，他在内斋独宿三昼两夜，叫“致内斋”；在祭天前一天的夜里11点钟，他才从“内斋”移往“外斋”，叫“致外斋”。算起来他在天坛内的斋宫只停留了4小时左右。

紫禁城斋宫系前朝后寝两进的长方形院落。前殿斋宫，面阔五间，为黄琉璃瓦歇山顶，前出抱厦三间，明间、两次间开隔扇门，两梢间为槛窗。殿内正中上悬乾隆御笔“敬天”匾。室内浑金龙纹天花，正中为八角形浑金蟠龙藻井。东暖阁为书屋，西暖阁为佛堂。东西各有配殿三间。正殿左右转角廊与配殿前廊相连，形成三合院带转角的格局。后寝宫初名“孚殿”，后改为“诚肃殿”，面阔七间，为黄琉璃瓦歇山顶。殿东西耳房各两间。东西各设游廊11间，与前殿相接。

帝王的寝宫应该铺黄色琉璃瓦，但天坛斋宫铺的却是蓝色琉璃瓦，而且采用坐西朝东的布局，这是因为封建帝王都自命为“奉天承运的天子”，是皇天上帝的儿子。既然要当虔诚祭天的孝子，当然不得在“父亲”面前称皇帝，也不得住黄瓦正殿。这就是斋宫坐西向东，不盖黄瓦的原因。

此外，这里还有茶果局、膳房、什物房等辅助建筑，所有房屋都是五间一套，南北、左右对称。

坤宁宫

坤宁宫是北京故宫内廷后三宫之一，坤宁宫在交泰殿后面，始建于明朝永乐十八年（1420），正德九年（1514）、万历二十四年（1596）两次毁于火，万历三十三年（1605）重建。清沿明制于顺治二年（1645）重修，十二年（1655）仿盛京沈阳清宁宫再次重修。嘉庆二年（1797），乾清宫失火，此殿前檐被烧毁，嘉庆三年（1798）重修。乾清宫代表阳性，坤宁宫代表阴性，以表示阴阳结合、天地合璧之意。

坤宁宫坐北朝南，面阔九间，进深三间，黄琉璃瓦重檐庑殿顶。明代是皇后的寝宫。清顺治十二年（1655）改建后，为萨满教祭神的主要场所。仿盛京清宁宫，改原明间开门为东次间开门，原隔扇门改为双扇板门，其余各间的棂花隔扇窗均改为直棂吊搭式窗。室内东侧两间隔出为暖阁，作为居住的寝室，门的西侧四间设南、北、西三面炕，作为祭神的场所。与门相对后檐设锅灶，作杀牲煮肉之用。由于是皇家所用，灶间设棂花扇门，浑金毗卢罩，装饰考究华丽。

坤宁宫改建后，即成为清宫萨满祭祀的主要场所。坤宁宫的东端二间是皇帝大婚时的洞房。房内墙壁饰以红漆，顶棚高悬双喜宫灯。洞房有东西二门，西门里和东门外的木影壁内外都饰以金漆双喜大字，有出门见喜的寓意。洞房西北角设龙凤喜床，床铺前挂的帐子和床铺上放的被子，都是江南精工织绣，上面各绣神态各异的100个玩童，称作“百子帐”和“百子被”，五彩缤纷，鲜艳夺目。皇帝大婚时要在这里住两天，之后再另住其他宫殿。如果先结婚后当皇帝的，就不能享受这种待遇了。所以清代只有年幼登基的康熙、同治、光绪三个皇帝用过这个洞房。康熙四年（1665）玄烨大婚时，太皇太后指定大婚在坤宁宫行合卺礼。同治皇帝、光绪皇帝大婚也都是在坤宁宫举行。雍正皇帝以后，皇帝移住养心殿，皇后也不再住坤宁宫，坤宁宫实际上已作为专供萨满教祭神的场所。现为宫廷生活原状陈列。

翊坤宫

翊坤宫是内廷西六宫之一，是明、清两代后妃居住的地方。建成于明永乐十五年（1417）。始称“万安宫”，明嘉靖时改称“翊坤宫”，清朝沿用明代旧称。

清代曾对翊坤宫进行过多次修缮，原为二进院，清晚期将翊坤宫后殿改成穿堂殿，曰“体和殿”，东西耳房各改一间为通道，使翊坤宫与储秀宫相连，形成四进院的格局。正殿面阔五间，为黄琉璃瓦歇山顶，前后出廊。檐下施斗拱，梁枋饰以苏式彩画。门为万字锦底、五蝠捧寿裙板隔扇门，窗为步步锦支摘窗，饰万字团寿纹。明间正中设地平宝座、屏风、香几、宫扇，上悬慈禧御笔“有容德大”匾。东侧用花梨木透雕喜鹊登梅落地罩，西侧用花梨木透雕藤萝松缠枝落地罩，将正间与东、西次间隔开，东西次间与梢间用隔扇相隔。殿前设“光明盛昌”屏门，台基下陈设铜凤、铜鹤、铜炉各一对。溥仪逊帝时曾在正殿前廊下安设秋千，现秋千已拆，秋千架尚在。东西有配殿曰“延洪殿”、“元和殿”，均为三间黄琉璃瓦硬山顶建筑。后殿体

和殿，清晚期连通储秀宫与翊坤宫时，将其改为穿堂殿。面阔五间，前后开门，后檐出廊，黄琉璃瓦硬山顶。也有东西配殿，前东南有井亭一座。

古代赫赫有名的雍正妃子年氏便是在这宫中度过她可怜的一生。康熙宠妃宜妃郭络罗氏也曾长住此宫。

清代慈禧太后住储秀宫时，每逢重大节日，都要在这里接受妃嫔们的朝拜。光绪十年（1884）慈禧五十寿辰时移居储秀宫，曾在此接受朝贺。光绪帝选妃也在此举行。

现为宫廷生活原状陈列。

承乾宫

承乾宫，为北京故宫的内廷东六宫之一。建成于明永乐十八年（1420），初名“永宁宫”，崇祯五年（1632）更名为“承乾宫”。清沿明旧称。顺治十二年（1655）重修，道光十二年（1832）略有修葺。

承乾宫为两进院，正门南向，名“承乾门”。前院正殿即承乾宫，面阔五间，为黄琉璃瓦歇山式顶，檐角安放五个走兽石雕，檐下施以单翘单昂五踩斗拱，内外檐饰龙凤和玺彩画。明间开门，次、梢间槛墙、槛窗，双交四菱花扇门、窗。室内方砖墁地，天花彩绘双凤，正间内悬乾隆皇帝御题“德成柔顺”匾。殿前为宽敞的月台。东西有配殿各三间，明间开门，黄琉璃瓦硬山式顶，檐下饰旋子彩画。明崇祯七年（1634）安匾于东西配殿，名“贞顺斋”、“明德堂”。

后院正殿五间，明间开门，黄琉璃瓦硬山式顶，檐

下施以斗拱，饰龙凤和玺彩画。两侧建有耳房。东西有配殿各三间，均为明间开门，黄琉璃瓦硬山式顶，饰以旋子彩画。后院西南角有井亭一座。此宫保持明初始建时的格局。

“承乾”一名，意思是在承乾宫居住的妃子，一定要顺承皇帝，不能对皇帝不敬。

此宫在明代为贵妃所居。清代为后妃所居。

清顺治帝孝献皇后董鄂氏，道光帝孝全成皇后、琳贵妃、佳贵人，咸丰帝云嫔、婉贵人都曾在此居住。

永和宫

永和宫为内廷东六宫之一，位于承乾宫之东、景阳宫之南。建成于明永乐十八年（1420），初名“永安宫”，嘉靖十四年（1535）改今名。清沿明旧称，于康熙二十五年（1686）重修，乾隆三十年（1765）也有修缮，光绪十六年（1890）再次重修。明代为妃嫔的居所，清代为后妃的居所。清康熙帝孝恭仁皇后久居此宫。其后，又有道光帝静贵妃，咸丰帝丽贵人、斑贵人、鑫常在等先后在此居住。光绪大婚后为瑾妃居所。

永和宫为二进院，正门南向，名“永和门”，前院正殿即永和宫，面阔五间，前接抱厦三间，黄琉璃瓦歇山式顶，檐角安走兽五个，檐下施以单翘单昂五踩斗拱，绘龙凤和玺彩画。明间开门，次、梢间皆为槛墙，上安支窗。正间室内悬乾隆御题“仪昭淑慎”匾，吊白樘箅子顶棚，方砖墁地。东西有配殿各三间，明间开门，黄琉璃瓦硬山式顶，檐下饰旋子彩画。东西配殿的北侧皆为耳房，各三间。

后院正殿名“同顺斋”，面阔五间，为黄琉璃瓦硬山式顶，明间开门，双交四扇门四扇，中间两扇外置风门，次间、梢间槛墙，步步锦支窗，下为大玻璃方窗，两侧有耳房。东西有配殿各三间，明间开门，为黄琉璃瓦硬山式顶，檐下饰以旋子彩画。院西南角有井亭一座，已改为铜质压力井。此宫保持明初始建时的格局。

景仁宫

景仁宫为内廷东六宫之一。明永乐十八年（1420）建成，初名“长宁宫”，嘉靖十四年（1535）更名“景仁宫”。清代沿用明朝旧称，于顺治十二年（1655）重修，道光十五年（1835）、光绪十六年（1890）先后修缮。

宫为二进院，正门南向，名“景仁门”，门内有石影壁一座，传为元代遗物。前院正殿即景仁宫，面阔五间，黄琉璃瓦歇山式顶，檐角安放五只走兽，檐下施以单翘单昂五踩斗拱，饰龙凤和玺彩画。明间前后檐开门，次、梢间均为槛墙、槛窗，门窗双交四菱花隔扇式。明间室内悬乾隆御题“赞德宫闱”匾。天花图案为二龙戏珠，内檐为龙凤和玺彩画。室内方砖墁地，殿前有宽广的月台。东西有配殿各三间，明间开门，为黄琉璃瓦硬山式顶，檐下饰以旋子彩画。配殿南北各有耳房。

后院正殿五间，明间开门，为黄琉璃瓦硬山式顶，檐下施以斗拱，饰龙凤和玺彩画。两侧各建耳房。殿前有东西配殿各三间，也为明间开门，黄琉璃瓦硬山式顶，檐下饰旋子彩画。院西南角有井亭一座。此宫保持明初始建时的格局。

景仁宫在明代为嫔妃的居所。清顺治十一年（1654）三月，康熙帝生于此宫。康熙四十二年（1703），和硕裕亲王福全丧，康熙帝为悼念其兄，再次于此宫暂住。其后此宫一直作为后妃居所，乾隆帝生母孝圣宪皇后、咸丰帝婉贵妃、光绪帝珍妃均曾在此居住。

慈宁宫

慈宁宫位于北京故宫内廷外西路隆宗门西侧。始建于明嘉靖十五年（1536），是在仁寿宫的故址上，撤除大善殿而建成。万历年间因灾重建。清沿明制，顺治十年（1653）、康熙二十八年（1689）、乾隆十六年（1751）均加以修葺，并将其作为皇太后居住的正宫。乾隆三十四年（1769）兴工将慈宁宫正殿由单檐改为重檐，并将后寝殿后移，逐渐形成现在的形制。

慈宁宫门前有一个东西向狭长的广场，两端分别是永康左门、永康右门，南侧为长信门。慈宁门位于广场北侧，内有高台甬道与正殿慈宁宫相通。院内东西两侧为廊庑，折向南与慈宁门相接，北向直抵后寝殿（即大佛堂）的东西耳房。前院东西庑正中各开一门，东曰“徽音左门”，西曰“徽音右门”。

正殿慈宁宫居中，前后出廊，为黄琉璃瓦重檐歇山顶。面阔七间，当中五间各开四扇双交四菱花隔扇门。两梢间为砖砌坎墙，各开四扇双交四菱花隔扇窗。殿前出月台，正面出三阶，左右各出一阶，台上陈鎏金铜香炉四座。东西两山设卡墙，各开垂花门，可通后院。

按照封建礼仪，皇帝不能与前朝妃嫔同居东西六宫。为了安置已经归天的老皇帝的妃嫔，特地建造了慈宁宫供她们居住。

咸福宫

咸福宫为内廷西六宫之一。建于明永乐十八年（1420），初名“寿安宫”，嘉靖十四年（1535）更名为“咸福宫”。清沿明旧称，清康熙二十二年（1683）重修，光绪二十三年（1897）再次修缮。

咸福宫为两进院，正门咸福门为黄琉璃瓦门，内有四扇木屏门影壁。前院正殿额曰“咸福宫”，面阔三间，为黄琉璃瓦庑殿顶，形制与西六宫其他五宫不同，与东六宫相对称位置的景阳宫，其形制相同。前檐明间安扇门，其余为扇槛窗，室内井口天花。后檐仅明间安扇门，其余为檐墙。殿内东壁悬乾隆皇帝《圣制婕妤当熊赞》，西壁

悬《婕妤当熊图》。山墙两侧有卡墙，设随墙小门以通后院。前有东西配殿各三间，硬山顶，各有耳房数间。

后院正殿名“同道堂”，面阔五间，硬山顶，东西各有耳房三间。前檐明间安扇门，设帘架，余间为支摘窗；后檐墙不开窗。室内设落地罩隔断，顶棚为海墁天花。殿内东室匾额为“琴德”，曾藏古琴；西室“画禅室”，所贮王维《雪溪图》、米之晖《潇湘白云图》等画卷都是董其昌画禅室旧藏，室因此得名。同道堂也有东西配殿，堂前东南有井亭一座。

咸福宫为后妃所居，前殿为行礼升座之处，后殿为寝宫，乾隆年间改为皇帝偶尔起居之处。嘉庆四年（1799）正月，乾隆皇帝崩，嘉庆帝居于咸福宫守孝，下令不设床，仅铺白毡、灯草褥，以此宫为苫次，同年十月才移居养心殿。此后咸福宫一度恢复为妃嫔的居所。道光三十年（1850），咸丰皇帝居住在咸福宫为道光皇帝守孝，守孝期满后仍经常在此居住。现存建筑完好。

永寿宫

永寿宫为内廷西六宫之一。建于明永乐十八年（1420），初名“长乐宫”。嘉靖十四年（1535）改名“毓德宫”，万历四十四年（1616）又更名为“永寿宫”。清朝顺治十二年（1655）、康熙三十六年（1697）、光绪二十三年（1897）都曾重修或大修，但仍基本保持明初始建时的格局。

永寿宫为两进院，前院正殿永寿宫面阔五间，为黄琉璃瓦歇山顶。外檐装修，明间前后檐安双交四菱花扇门，次间、梢间为槛墙，上安双交四菱花扇窗。殿内高悬乾隆皇帝御笔匾额“令仪淑德”，东壁悬乾隆《圣制班姬辞辇赞》，西壁悬《班姬辞辇图》。乾隆六年（1741），乾隆皇帝下令，内廷东西十一宫的匾额“俱照永寿宫式样制造”，自挂起之后，不许擅动或更换。

正殿有东西配殿各三间。后院正殿五间，东西有耳房，殿前东西也有配殿各三间。院落东南有一座井亭。

永寿宫为明代妃嫔、清代后妃的居所。明万历十八年（1590），皇帝曾在此召见大学士申时行等人。崇祯十一年（1638），因国内灾情异象屡屡出现，皇帝在此宫斋居。顺治皇帝恪妃、嘉庆帝如妃曾在此居住。雍正十三年（1735），雍正皇帝崩，崇庆皇太后，即孝圣宪皇后居永寿宫，乾隆皇帝居乾清宫南廊苫次，并诣永寿宫问安。

景阳宫

景阳宫为内廷东六宫之一，位于钟粹宫之东、永和宫之北。明永乐十八年（1420）建成，初名“长阳宫”，嘉靖十四年（1535）更名为“景阳宫”。清沿明朝旧称，于康熙二十五年（1686）重修。明代为嫔妃所居，明神宗皇帝的孝靖皇后曾居此。清朝康熙二十五年重修后改作收藏图书的地方。

宫为二进院，正门南向，名“景阳门”，前院正殿即景阳宫，面

阔三间，黄琉璃瓦庑殿顶，与东六宫中其他五宫的屋顶形式不同。檐角安放走兽五个，檐下施以斗拱，绘龙和玺彩画。明间开门，次间为玻璃窗。明间室内悬乾隆御题“柔嘉肃敬”匾。天花为双鹤图案，内檐饰以旋子彩画，室内方砖墁地，殿前为月台。东西有配殿各三间，明间开门，黄琉璃瓦硬山式顶，檐下饰旋子彩画。

后院正殿名为“御书房”，面阔五间，明间开门，黄琉璃瓦歇山式顶。次、梢间为槛墙、槛窗，檐下施以斗拱，饰龙和玺彩画。清乾隆年因藏宋高宗所书《毛诗》及马和之所绘《诗经图》卷于此，乾隆御题额曰“学诗堂”。东西六宫年节张挂的《宫训图》原收藏于此。东西各有配殿三间，明间开门，为黄琉璃瓦硬山式顶，檐下饰以旋子彩画，西南角有井亭一座。东配殿名“静观斋”，西配殿名“古鉴斋”。

此宫现仍保持明初始建时的格局。现在常年在此进行故宫藏珐琅器文物的展示。

德寿宫

南宋时人们常称德寿宫为“北内”或“北宫”。德寿宫是南宋高宗、孝宗禅位后为养老修建的一组宫殿建筑。其规格与皇宫不相上下。

德寿宫始建于绍兴三十二年（1162），是在秦太师赐第的基础上扩建而成的，规模宏大。东接吉祥巷、南至望江路、西临中河、北靠水亭址。

德寿宫坐北朝南，其布局与皇城相近，宫中建有德寿殿、后殿、灵芝殿、射厅、寝殿、食殿等十余座殿院。供太上皇生活、读书、娱乐、颐养天年。其大门外建有百官待漏院，可容数千人，是群臣朝见拜谒太上皇时肃立恭候的地方。大门之内是德寿宫大殿，巍峨壮观，富丽堂皇，是太上皇接见皇帝、百官和举行各种大典的地方。

1189年，孝宗仿效高宗内禅退居德寿宫，并改名“重华宫”。此宫后又侍奉宪圣太后，寿成皇太后，先后改名为“慈福宫”、“寿慈宫”。1268年，度宗将其地一半改建成道宫，名“宗阳宫”，一半废为民居。至清初，此地渐为官署、民居所占。

寿安宫

寿安宫位于内廷外西路寿康宫以北，英华殿以南。始建于明代，初名“咸熙宫”，嘉靖四年（1525）改称“咸安宫”。清初沿明制，雍正年间在此兴办咸安宫官学，乾隆十六年（1751）咸安宫官学移出。同年，乾隆皇帝为庆贺皇太后六十寿诞，将此宫修葺一新后改称“寿安宫”。乾隆二十五年（1760），为皇太后七十圣寿庆典，在院中添建一座三层大戏台。嘉庆四年（1799）将戏台拆除，戏楼改建为春禧殿后卷殿。

寿安宫南北长107米，东西宽78米，总占地面积为8 400平方米，前后分为三进院落，东西各有跨院。正门寿安门为随墙琉璃门三座，当中门内设四扇木屏门照壁一座，上覆黄色琉璃瓦。第一进院正殿为春禧殿，旧建筑被毁时间不详，现存建筑为1989年重建。此殿南向，面阔五间，为黄琉璃瓦单檐歇山顶，明间开门，其余为槛窗。殿左右辟穿堂门，与第二进院相通。

中院正殿寿安宫面阔五间，进深三间，为黄琉璃瓦歇山顶，明间退进一间，设步步锦隔扇门四扇，次间、梢间设槛窗。后檐明间开门，次间、梢间设槛窗。殿两侧山墙各出转角延楼，环抱相属，向南与春禧殿后卷殿两山相连。

寿安宫后为第三进院，院中叠石为山，东西各有三开间小殿，名为“福宜斋”、“萱寿堂”。

寿康宫

寿康宫位于内廷外西路的慈宁宫西侧。始建于清雍正十三年（1735），建成于乾隆元年（1736），嘉庆二十五年（1820）、光绪十六年（1890）重修。

寿康宫为南北三进院，院墙外东、西、北三面均有夹道，西夹道外有房数间。院落南端寿康门为琉璃门，门前为一个封闭的小广场，广场东侧是徽音右门，可通慈宁宫。

寿康门内正殿即寿康宫。殿坐北朝南，面阔五间，进深三间，为黄琉璃瓦歇山顶，前出廊，明间、次间各安三交六菱花扇门四扇，梢间为三交六菱花隔扇槛窗各四扇，后檐明间与前檐明间相同，其余开窗。殿内悬乾隆皇帝御书“慈寿凝禧”匾额，东西梢间辟为暖阁，东暖阁是皇太后日常礼佛的佛堂。殿前出月台，台前出三阶，中设御路石，月台左右也各出一阶。

寿康宫东西配殿面阔各三间，为黄琉璃瓦硬山顶，前出廊。东配殿明间安扇门，西配殿明间扇、风门为后来改装。次间均为槛窗，每间用间柱分为两组，窗棂均为一抹三件式。两配殿南设耳房，北为连檐通脊庑

房，与后罩房相接。

寿康宫以北是第二进院，后殿为寿康宫的寝殿，额上为“长乐敷华”，有甬道与寿康宫相连。殿面阔五间，进深三间，黄琉璃瓦歇山顶。前檐出廊，明间安步步锦隔扇、玻璃风门，次、稍间安窗，上为步步锦窗格，下为玻璃方窗。室内以扇分为五间。后檐明间开扇门，接叠落式穿堂，直达后罩房。

建福宫

建福宫位于内廷西路西六宫西侧，清乾隆七年（1742）利用乾西五所之西四所及其以南的狭长地段修建而成。于嘉庆七年（1802）重修。乾隆皇帝将他最钟爱的珍奇文物收藏于此，并经常在花园内写诗赏画。嘉庆时，下令将其全部封存，成了名副其实的宝库。

建福宫为一南北狭长的院落，东西宽约21米，南北长逾110米。整座院落从建福门起，以抚辰殿、建福宫、惠风亭和静怡轩四座重要

建筑为核心，依次构成四进庭院。

建福门是建福宫正门，位于南端宫墙正中，门内即第一进院落，抚辰殿居中而立。抚辰殿后即建福宫，其间以宽阔的甬道相连。抚辰殿后檐廊与建福宫前廊东西各接转角游廊九间，围合成廊院。

建福宫面阔五间，进深三间，黄琉璃瓦绿剪边卷棚歇山顶，檐下施斗拱，前后檐明间各安四扇三交六菱花扇门，次、梢间前檐为槛窗，后檐为砖墙。室内明、次间以扇分隔，形成“一明两暗”的格局。明间后檐金柱间也设扇，扇前设宝座，上悬乾隆御书“不为物先”匾。所有扇均为黑漆描金，心为双层灯笼锦棂条，中间夹纱，裙板、绦环板均绘五彩吉祥图案，工艺十分考究。东、西两次间后檐分设红漆描金炕罩和落地罩，西次间落地罩内供奉神位。房顶设软天花，顶棚及墙壁通贴团花图案银花纸。建福宫内装修色彩丰富，做工精致，是紫禁城建筑室内装修的代表作。由建福宫两侧游廊穿行可至第三进庭院，院中央即惠风亭。亭之北用红墙隔出最后一进院落，院中的静怡轩、慧曜楼后被划入西花园（建福宫花园）内。

建福宫初建时拟为乾隆皇帝“备慈寿万年之后居此守制”之用，后因故未行。乾隆帝十分喜爱建福宫，时常到此游憩，吟咏也颇多，名作有《建福宫赋》、《建福宫红梨花诗》等。后清宫定制每年嘉平朔日（腊月初一）皇帝御此宫开笔书福，以贺新禧。咸丰皇帝曾奉皇贵太妃在此进膳；孝德显皇后、孝贞显皇后（慈安）的神位也曾设于此宫。现建筑保存完好。

毓庆宫

毓庆宫位于内廷东路奉先殿与斋宫之间，系清康熙十八年（1679）在明代奉慈殿基址上修建而成。乾隆五十九年（1794）添建一座大殿以及游廊、抱厦，嘉庆六年（1801）继续扩建，光绪十六年（1890）和二十三年（1897）加以修缮。

毓庆宫是由长方形院落组成的建筑群，前后共四进。正门前星门，门内为第一进院落，有值房三座，西墙开阳曜门与斋宫相通。过院北祥旭门为第二进院落，正殿本殿，东西配殿各三间。

第三进院东西两侧各有围房20间，直抵第四进院，正殿即毓庆宫，建筑为“工”字殿。前殿面阔五间，进深三间，为黄琉璃瓦歇山顶，前檐明间开门，次间、梢间为槛窗，后檐明间接穿廊与后殿相通。穿廊面阔一间，进深三间，东西两侧均为槛窗。后殿面阔五间，

进深三间，黄琉璃瓦歇山顶，前檐明间与穿堂相通，廊檐安小板门，次间、梢间、后檐均为槛窗。后殿室内明间悬匾曰“继德堂”，西次间为毓庆宫的藏书室，嘉庆皇帝赐名“宛委别藏”，东山墙接悬

山顶耳房一间与东围房相通。东耳房内悬嘉庆皇帝御笔匾曰“味余书室”，其东侧围房内“知不足斋”匾也为嘉庆皇帝御笔。毓庆宫内装修极为考究，尤其是后殿内以隔断分成小室数间，其门或真或假，构思精妙，素有“小迷宫”的别称。

最后一进院内有后罩房，面阔五间，进深三间，为黄琉璃瓦悬山顶，前檐出廊，明间开门，次间、梢间为槛窗，东西两侧有耳房，与东西庑房转角相接。

毓庆宫是康熙年间特为皇太子允所建，后作为皇子居所。乾隆皇帝12岁到17岁间一直居于此宫。嘉庆皇帝5岁时曾与兄弟子侄等人居于此宫，后迁往撷芳殿，乾隆六十年（1795）即位后又迁回毓庆宫。同治、光绪两朝，此宫均作为皇帝的读书处，光绪皇帝也曾在此居住。

长春宫

长春宫为内廷西六宫之一，明永乐十八年（1420）建成，初名“长春宫”，嘉靖十四年（1535）改称“永宁宫”，万历四十三年（1615）复称“长春宫”。清康熙二十二年（1683）重修，后又多次修整。咸丰九年（1859）拆除长春宫的宫门长春门，并将太极殿后殿改为穿堂殿，咸丰帝题额曰“体元殿”。长春宫、启祥宫两宫院由此连通。

长春宫为黄琉璃瓦歇山式顶，前出廊，明间开门，隔扇风门，竹纹裙板，次、梢间均为槛窗，步步锦支窗。明间设地屏宝座，上悬乾隆皇帝御笔所题的“敬修内则”匾。左右有帘帐与次间相隔，梢间靠北设落地罩炕，为寝室。殿前左右设铜龟、铜鹤各一对。东配殿曰“绥寿殿”，西配殿曰“承禧殿”，各三间，前出廊，与转角廊相连，可通各殿。廊内壁上绘有18幅以《红楼梦》为题材的巨幅壁画，属清代晚期作品。长春宫南面，即体元殿的后抱厦，为长春宫院内的戏台。东北角和西北角各有屏门一道，与后殿相通。

后殿曰怡情书史，与长春宫同期建成，面阔五间，东西各有耳房三间。东配殿曰“益寿斋”，西配殿曰“乐志轩”，各三间。后院东南有井亭一座。

此宫明代为妃嫔所居，天启年间李成妃曾居此宫。清代为后妃所居，乾隆皇帝的孝贤皇后曾居住长春宫，死后在此停放灵棺。同治年至光绪十年（1884），慈禧太后一直在此宫居住。

钦安殿

钦安殿位于北京市东城区。在御花园正中，南北中轴线上。始建于明代，嘉靖十四年（1535）添建墙垣后自成格局。清乾隆年间曾在前檐接盖抱厦三间，后拆除。

殿为重檐顶，坐落在汉白玉石单层须弥座上，南向，面阔五间，进深三间，为黄琉璃瓦顶。殿前出月台，四周为穿花龙纹汉白玉石栏杆，龙凤望柱头，唯殿后正中一块栏板为双龙戏水纹。钦安殿的雕石是紫禁城建筑雕刻艺术中的精品。

月台前出丹陛，东西两侧各出台阶。院内东南设焚帛炉，西南置夹杆石，以北各有香亭一座。殿前院墙正中辟门，曰“天一门”，东西墙有随墙小门，连通花园。

钦安殿内供奉玄天上帝。清朝每年元旦于天一门内设斗坛，皇帝在此拈香行礼。每遇年节，钦安殿设道场，道官设醮进表。钦安殿事务由太监道士管理。

沈阳故宫

沈阳位于中国东北地区南部，辽宁省中部，以平原为主，山地、丘陵集中在东南部，辽河、浑河、秀水河等途经境内。沈阳地区基本以平原为主，是著名的粮仓。因地势平坦，视野开阔，而成为辽宁地区最为主要的城镇。

沈阳故宫，原称“盛京宫阙”，又称“后金故宫”、“盛京皇宫”。始建于后金天命十年（1625），崇德元年（1636）基本建成，是清朝入关前建造的皇宫，现已辟为沈阳故宫博物院，是国家重点文物保护单位，与北京故宫构成了中国仅存的两大完整的明清皇宫建筑群。清顺治元年（1644）世祖在此称帝。清统治者入关后，这里被称作“奉天行宫”，并对盛京皇宫进行了保护和扩建，到乾隆时基本形成今日规模。

沈阳故宫以其完整、璀璨、浓郁的满族特色和独特的历史地位而迥异于北京故宫。不仅是现今沈阳最重要的游览点，也是我国仅存的

两大宫殿建筑群之一。沈阳故宫在建筑艺术上承袭了中国古代建筑的传统，集汉、满、蒙各民族建筑艺术为一体，具有很高的历史价值和艺术价值。

沈阳故宫占地6万多平方米，有房屋300余间，古建筑114座。这里的建筑布局分为中、东、西三个部分。东路是沈阳故宫中独具风格的部分，其布局与中原传统的层层院落方式迥然异趣。东路后部正中是一座八角形的大政殿，大政殿居中，两旁分列十个亭子，称为“十王亭”，为八旗大臣和左、右两翼王办公议事的地方。

中路称作“大内宫殿”，仍继承了前朝后寝的制度，前面崇政殿为主体，是皇太极处理军政要务、接待使臣宾客的地方。前为大清

门，左右有飞龙、翔凤二阁和廊庑对峙。殿后自凤凰楼以后为寝宫，以清宁宫为主，两旁有关雎宫、永福宫、麟趾宫和衍庆宫等宫殿建筑。

西路为乾隆时期所建。主要建筑有文溯阁、仰熙斋、嘉荫堂和戏台，是专为收藏《四库全书》和供清帝们来盛京（沈阳）时读书、看戏的场所。

东路以大政殿为主体，中路以崇政殿为主体，西路以文溯阁为主体。整座皇宫楼阁林立，殿宇巍峨，雕梁画栋，富丽堂皇。

沈阳故宫建筑，不仅在建筑布局上有其特点，而且在彩画、雕刻等方面都有浓厚的东北地方风格，反映了中国多民族建筑文化的特点。

沈阳故宫博物院不仅是古代宫殿建筑群，还以丰富的珍贵收藏著称于海内外，故宫内陈列了大量旧皇宫遗留下来的宫廷文物，如努尔哈赤用过的剑、皇太极用过的腰刀和鹿角椅等。

2004年7月1日，在中国苏州召开的第28届世界遗产委员会会议批准中国的沈阳故宫作为明、清皇宫文化遗产扩展项目列入《世界遗产名录》。

沈阳故宫大政殿

大政殿，俗称“八角殿”，始建于1625年，是清太祖努尔哈赤营建的重要宫殿，是盛京皇宫内最庄严神圣的地方。初称“大衙门”，1636定名“笃恭殿”，后改为“大政殿”。为八角重檐攒尖式，八面出廊，均为“斧头眼”式隔扇门。下面是一个高约1.5米的须弥座台基，绕以雕刻细致的荷花净瓶石栏杆。殿顶铺满黄琉璃瓦，镶绿剪边，正中相轮火焰珠顶，宝顶周围有八条铁链各与力士相连。殿前的两根大柱上雕刻着两条蟠龙，殿内有精致的梵文天花和降龙藻井，气势雄伟。殿内设有宝座、屏风及熏炉、香亭、鹤式烛台等。此

殿为清太宗皇太极举行重大典礼及重要政治活动的场所。顺治元年（1644），清朝皇帝福临在此登基继位。

从建筑上看，大政殿也是一个亭子，不过它的体量较大，装饰也比较华丽，因此被归为宫殿。大政殿和呈“八”字形排开的10座亭子，其建筑格局乃脱胎于少数民族的帐殿。这11座亭子，就是11座帐篷的化身。帐篷是可以流动迁移的，而亭子就固定起来了，这是满族文化发展史上的一个里程碑。

沈阳故宫的东路建筑，为清太祖努尔哈赤所建，其主体建筑大政殿与两侧的十王亭（包括左翼王亭、镶黄旗亭、正白旗亭、镶白旗亭、正蓝旗亭和右翼王亭、正黄旗亭、正红旗亭、镶红旗亭、镶蓝旗亭）构成了一组视野开阔的庭院，其帐幄式建筑造型及其布局，是满族人从狩猎组织发展而来的清朝立国之本——八旗制度在宫殿建筑上生动而具体的再现，为中国古代宫殿建筑所仅见。

沈阳故宫崇政殿

崇政殿在中路前院正中，俗称“金銮殿”，是沈阳故宫最重要的建筑。整座大殿全为木结构，五间九檩硬山式，辟有隔扇门，前后出廊，围以石雕的栏杆。殿身的廊柱是方形的，望柱下有吐水的螭首，顶盖黄琉璃瓦，镶绿剪边；殿柱是圆形的，两柱间用一条雕刻的整龙连接，龙头探出檐外，龙尾直入殿中，实用与装饰完美地结合为一体，增加了殿宇的帝王气魄。此殿是清太宗日常临朝处理要务的地

方，公元1636年，后金改国号为大清的大典就在这里举行。

崇政殿是沈阳故宫的正殿，有着艳丽多彩的外观装饰。从使用功能上说，崇政殿相当于北京故宫的太和殿，但是如果论二者的建筑规模，平地起建的五间崇政殿与坐落在高高的汉白玉台基上的十一间太和殿简直无法相比。

进入大清门沿御路北行，正面就是清太宗时期的“金銮殿”——崇政殿。中国古代宫殿一般都是由“外朝”和“内廷”两部分组成。其中外朝区域是皇帝临朝理政和举行国家典礼的地方，崇政殿即是沈阳故宫外朝的中心。其正门前至大清门北侧，石阶间的殿庭御路两侧，即是典礼时王公贵族及官员排班站位之处。殿左右连接翊门各三间，分别称为“左翊门”和“右翊门”，是平时进出殿北宫廷区的通道，而皇帝上殿退朝则是由殿内北门进出。

崇政殿在使用功能上与大政殿明显不同。首先，作为皇宫的正殿，它是皇帝日常临朝理政之处。在后金早期的宫殿制度中，俗称为“汗宫里的殿”或“内殿”，而大政殿则是举行较大规模的重要集会时的“大殿”，在一般情况下很少使用。从这个意义上说，崇政殿相当于皇帝的“办公室”，而大政殿则更像是一座“会堂”。其次，清太宗时期，国家的重要典礼如元旦和万寿节庆典、太祖实录告成、皇子娶妻、公主下嫁、明朝重要官员的归降等仪式，都是在崇政殿举行，而大政殿则是在元旦、万寿节等典礼的主要礼

仪结束后大宴群臣的地方。第三，崇政殿也是皇帝接见宴请外邦宾客之处，在皇太极时期，主要用以款待前来盛京进贡、朝觐、通婚的蒙古诸部贵族，国内庆典时的一些小规模宴会也常在这里举行。

按照明、清宫殿建筑屋顶样式的级别划分，崇政殿的“硬山顶”是最低的，而太和殿的“重檐庑殿顶”则是最高的。造成这种差别的原因并不难理解，一个是刚刚建立的少数民族地方政权，另一个则是统治全中国几百年的中原大帝国，“金銮殿”的规模当然会有区别，但是，大有大的风格，小有小的特色，崇政殿在建筑装饰方面的艺术价值，是其他任何宫殿都不能取代的。

从建筑样式上说，崇政殿是在东北地区极为普遍的硬山式房屋的基础上，根据皇宫正殿的使用需要加以美化，其殿体高12米，下有高1米多的砖石台基，前后各有加饰石雕栏板望柱的殿阶和檐廊，这

样，在造型上已与民间的同式房屋产生了本质区别，成为只有宫殿寺庙中才有的高等级样式。

最能体现崇政殿尊贵地位的，还是其与众不同的建筑装饰。殿前后红色檐柱都是方形，下面是灰黑色覆莲式的柱础石，上部则用蓝、白、金等颜色绘“披肩”、莲花等图案，外侧是与大政殿相同的兽面，柱顶部分更是精彩，各有一形象生动的木雕龙头探出，而且两两相对，探爪戏珠；龙身和后爪则在廊内，既起支撑作用，又是别出心裁的美化，仿佛神龙自殿内飞出，高贵而富有生气。檐下的木雕莲瓣、蜂窝、如意等与大政殿一式，和方形的殿柱一样属于藏传佛教建筑艺术风格，枋上的二龙戏珠浮雕，金光闪烁，横贯外檐，显得华丽精美。

崇政殿的琉璃构件艺术风格与大清门如出一辙，但整体效果更为突出。墀头部位仍然是上下相叠的几组飞龙、麒麟和瑞草奇花，不过主体图案与大清门墀头色调相反，鲜艳中不失凝重之气。在殿顶和房山上端的正脊、垂脊、博风、山花等部位，也都有五彩缤纷的琉璃构件，以黄、绿、蓝为主要色调，行龙火焰珠为基本题材内容，殿顶四角的羊、狮、龙、海马等“脊兽”，也分别用白、蓝、绿、黄、红等不同颜色装饰而成。这些多彩的琉璃构件，再加上黄心绿边的琉璃瓦屋顶和檐下的木装修，使崇政殿殿体前后、正侧、上下每一个连接处都色彩斑斓、装饰富丽，与金红相间的木隔扇门、白石青砖的殿基月台，共同组合成崇政殿庄严华美的外观。

建造这座宫殿时，满族人的政权统治只有不到20年的历史。他们选择了自己最熟悉的房屋式样，吸取其他民族的建筑艺术和技术，按照本民族喜爱色彩鲜艳、热烈欢快的审美习俗，造就了大清国的第一座“金銮殿”，这就是崇政殿的价值所在。

崇政殿室内的宝座、屏风等陈设，并非清太宗时期的原貌，而是乾隆十二年（1747）根据皇帝的旨意重新设计制作的，在殿内正中北侧，是高66厘米余的红漆木制地坪，前三侧二共五组台阶，周围是仿石雕式样的栏板和望柱，这种地坪在古代称为“陛”，因为官员们见皇帝时都要跪在下面，所以才口称“陛下”。在陛上后部，又有一类似“殿中之殿”的“堂”，全部为木制，外罩金漆彩绘，加饰行龙、兽面等精美雕刻，并特意保持与殿内外原有装饰风格基本一致。其上方的“正大光明”黑漆金字匾，则是乾隆仿照北京乾清宫顺治所书匾题写的，堂陛之内的屏风宝座，是乾隆特命仿北京故宫乾清宫所用加以缩小精心制作的，宝座、屏风各以九条龙作为主要装饰，全部罩以金漆，体现其唯一的使用者——皇帝的无上威严。屏风上的四言十二句铭文，与乾清宫屏风上的完全相同，是康熙皇帝从古代经书中摘出，作为自己和后世皇帝治理国家的座右铭镌刻在御座之旁。陈设在龙椅前后的鹤式烛台、熏炉、塔式香亭、甪端、“太平有象”等，都是乾隆年间宫中精制的珐琅礼器，专用于皇帝御座周围，既为熏香之用，也有驱邪诹古的寓意，使得“真龙天子”临朝理政之处更具有庄严神圣的气氛。

承德离宫

承德，历史悠久，靠近坝上草原，是平原地区和草原交界之处。

承德避暑山庄是中国古代帝王的宫苑，也是清代皇帝避暑和处理政务的场所，位于河北省承德市北部。避暑山庄是清朝皇帝为了实现安抚、团结中国边疆少数民族，以及巩固国家统一等政治目的而修建的一座夏宫。避暑山庄始建于康熙四十二年（1703），建成于乾隆五十五年（1790），历时87年。与北京紫禁城相比，避暑山庄以朴素淡雅的山村野趣为格调，取自然山水之本色，吸收江南塞北之风光，成为中国现存占地面积最大的古代帝王宫苑。

承德避暑山庄距离北京200千米，由皇帝宫室、皇家园林和宏伟壮观的寺庙群所组成。山庄的建筑布局大体可分为宫殿区和苑景区两大部分，苑景区又可分成湖区、平原区和山区三部分。山庄内有康熙乾隆钦定的72景，拥有殿、堂、楼、馆、亭、榭、阁、轩、斋、寺等建筑100余处，是中国三大古建筑群之一。避暑山庄兴建后，清代皇帝每年都有大量时间在此处理军政要事、接见外国使节和边疆少数民族的政教首领。发生在这里的一系列重要事件以及重要遗迹、重要文物，成为中国最后形成多民族统一国家的历史见证。

避暑山庄分宫殿区、湖泊区、平原区、山峦区四大部分。宫殿区位于湖泊南岸，地势平坦，是皇帝处理朝政、举行庆典和生活起居的地方，占地10万平方米，由正宫、松鹤斋、万壑松风和东宫四组建筑组成。湖泊区在宫殿区的北面，湖泊面积包括州岛约占43公顷，有8个小岛屿，将湖面分割成大小不同的区域，层次分明，洲岛错落，碧波荡漾，富有江南鱼米之乡的特色。东北角有清泉，即著名的热河泉。平原区在湖区北面的山脚下，地势开阔，有万树园和试马埭，是一片碧草茵茵、林木茂盛的草原风光。山峦区在山庄的西北部，面积约占全园的4/5，这里山峦起伏，沟壑纵横，众多楼堂殿阁、寺庙点缀其间。整个山庄东南多水，西北多山，是中国自然地貌的缩影。

避暑山庄是帝王范囿与皇家寺庙建筑经验的结晶。它成为与私园并称的中国两大园林体系中帝王宫范体系中的典范之作。避暑山庄周围寺庙的建筑风格使汉、藏文化艺术融于一体，寺庙殿堂中，完好地保存和供奉着精美的佛像、法器等近万件，共同构成了18世纪中国古代建筑富于融合性和创造性的杰作。

承德避暑山庄是由众多的宫殿以及其他处理政务、举行仪式的建筑构成的一个庞大的建筑群。建筑风格各异的庙宇和皇家园林同周围的湖泊、牧场和森林巧妙地融为一体。避暑山庄不仅具有极高的美学研究价值，而且还保留着中国封建社会发展末期罕见的历史遗迹。

1994年，根据文化遗产遴选标准，承德避暑山庄和周围寺庙因其独特的风采被联合国教科文组织列入《世界遗产名录》。

烟台天后行宫

烟台位于今山东省东北部，明代在这个地方设立烽火台，当敌人来犯时，在台上燃放狼烟。从那时之后，人们便称它为“烟台”。

清朝末年，在烟台建立天后行宫，这是供奉天后娘娘的庙宇。天后娘娘是一位海神，据记载，她是福建莆田林愿的第六个女儿，生后有祥光和异香伴随。升仙后，常穿红色衣服遨游海上，宋、元、明、清都有她显圣的记录。康熙皇帝封她为“天妃”，又加封“天后娘娘”，希望她能保佑人们出航平安，并且不要海潮上陆。

行宫长70米，建筑面积约为2 000平方米。全宫有山门、门殿、大雄宝殿（行宫）、戏台，形成四个院落，四周有环层围绕，在中部建造殿堂、门廊、殿台，并有华丽的装饰，在各殿施以雕刻、彩画，使各殿更加华丽。

大雄宝殿（行宫）是全宫最主要的建筑，平面五开间，上覆歇山式顶，檐角上翘。在第二重门做比较豪华的装饰，并以木石相结合，即在门殿的下半部用石材、上半部（包括屋架）均用木材。

凡明、清两代建筑上常用的木构件及其建筑手法，在天后行宫都有所表现，例如：门

枕石、双扇板门、走马板、梁枋、门窗、柱额、驼峰、花兰、垂柱、擎核柱、华带牌及歇山式顶等，应有尽有。另外，在行宫的建筑中充分体现出南北方建筑相融合的特点，这是非常重要的。南方常用的挑檐角，行宫做得也很突出，而漏窗、斜梁、开敞式的内外廊，基本上都运用在北方式的建筑上，它们在行宫中也得以应用。

西藏布达拉宫

在中国现存宫殿中，还有一座极为特殊的宫殿，就是西藏的布达拉宫。它曾是集宗教与行政于一体的宫殿，是中国古代西藏地区政教合一的产物。

布达拉宫，俗称“第二普陀山”，屹立在西藏首府拉萨市区西北的红山上，是一座规模宏大的宫堡式建筑群。最初是松赞干布为迎娶文成公主而兴建的，17世纪重建后，布达拉宫成为历代达赖喇嘛的冬宫居所，也是西藏政教合一的统治中心。整座宫殿具有鲜明的藏式风格，依山而建，气势雄伟。布达拉宫中还收藏了无数珍宝，堪称艺术的殿堂。1961年，布达拉宫被中华人民共和国国务院公布为第一批全国重点文物保护单位之一。1994年，布达拉宫被列为世界文化遗产。

布达拉宫位于西藏拉萨西北的玛布日山上，是著名的宫堡式建筑群，是中国藏族古代建筑艺术的精华。相传在公元7世纪，吐蕃赞普

（即王之意）松赞干布为了迎娶唐朝的文成公主，在这里创建了宫室。现在山顶上的法王洞内，尚有松赞干布和文成公主等人的塑像。现存其他建筑大都是在公元17世纪中叶达赖五世受清王朝册封后重新修建的。

在拉萨海拔为3 700多米的红山上，宫堡依山而建，现占地41万平方米，建筑面积为13万平方米，宫体主楼13层，高115米，全部为木石结构，五座宫顶覆盖镏金铜瓦，金光灿烂，气势雄伟，被誉为高原圣殿。分为三大部分：一为山前宫殿，二为山顶宫殿，三为山后区。宫城已有主要管理机构，山顶宫区主要以红宫、白宫为主体，其中有寝宫、佛殿、聚会殿、灵塔殿等。在西南山坡为僧舍，北面一片是达赖喇嘛亲属进宫时的临时用房。宫城区是一座山城，呈方形，东、西、南三个方面砌出9米高的山墙。

布达拉宫依山垒砌，分为红宫和白宫两部分，以其外部红、白二色作为区别。布达拉宫里最主要的大建筑群，一是白宫、二是红宫。内部两宫殿院墙围绕、道路井然，殿宫佛舍、塔殿俱全。每个宫的层数都很多，建得很高，气势辉煌。红宫做红墙大金顶，高七层。殿堂

壁画丰富多彩。白宫主要的殿宫外表装饰白色，主楼达七层。从山顶到宫室有六道门，道路系统十分完善。红宫居中，为历代达赖喇嘛的灵塔殿。白宫居侧，为佛堂、经室、寝宫等建筑。

宫殿的设计和建造根据高原地区阳光照射的规律，墙基宽而坚固，墙基下面有四通八达的地道和通风口。屋内有柱、斗拱、雀替、梁、椽木等，组成撑架。铺地和盖屋顶用的材料是一种叫做“阿尔嘎”的硬土，各大厅和寝室的顶部都有天窗，便于采光，调节空气。宫内的柱梁上有各种雕刻，墙壁上的彩色壁画面积有2 500多平方米。

宫内还收藏了西藏特有的、在棉布或绸缎上彩绘的唐卡，以及历代文物。1994年12月初，西藏拉萨布达拉宫被联合国教科文组织作为文化遗产列入《世界文化遗产名录》。

小故事

相传，松赞干布委派禄东赞为使者前往京城长安为其求婚。唐太宗为考察婚使的智力，曾出五道难题，其中一道是让婚使把一百匹母马和一百匹马驹的母子关系辨别出来。禄东赞先把母马和小马驹分别圈开，断绝小马驹的水草供应，一天后放出，小马驹很快地各自跑到母马身边，依偎不离。这五个难题都一一被禄东赞解决。唐太宗很赏识禄东赞的聪明能干，答应他为藏王迎娶文成公主入藏，并封他为右卫大将军，还欲送琅邪公主的外孙女段氏与他为妻。禄东赞婉言谢绝道：“臣本国有妇，父母所聘，情不忍乖，且赞普未公主，陪臣安敢娶？”禄东赞请得文成公主入藏的史事在西藏人民中间传为佳话。布达拉宫的达松格廊东壁，就绘有禄东赞入长安的求婚图。

西藏布达拉宫之白宫

白宫始建于公元1645年，历时8年，以松赞干布时原有的观音堂为中心，向东向西修建起一片巨大的寺宇。整个寺宇的墙面被涂成白色，远远望去，分外醒目，人们称之为“白宫”。白宫高7层，位于第4层中央的东大殿面积为717平方米，由38根大柱支撑，是布达拉宫重要的殿堂，历代达赖喇嘛在此举行坐床、亲政大典等重大宗教和政治活动。第5、6两层是摄政办公和生活用房。最高的一层是达赖喇嘛的冬宫，这里采光面积很大，从早到晚，阳光灿烂，俗称“日光殿”。分东、西两部分，西日光殿是原殿，东日光殿是后来仿造的，两者布局相仿，分别是十三世和十四世达赖的寝宫，也是他们处理政务的地方。这里等级森严，只有高级僧俗、官员才被允许进入。殿内包括朝拜堂、经堂、习经室和卧室等，陈设均十分豪华。宫殿外，有一个宽大的阳台，从这里可以俯视整个拉萨城。

白宫横贯两翼，为达赖喇嘛的生活起居地，有各种殿堂长廊，摆设精美，布置华丽，墙上绘有与佛教有关的绘画，多出自名家之手。红宫居中，供奉佛像、松赞干布像、文成

公主像和尼泊尔尺尊公主像数千尊，以及历代达赖喇嘛灵塔，黄金珍宝嵌间，配以彩色壁画，金碧辉煌。整个建筑群占地10余万平方米，房屋数千间，布局严谨，错落有致，体现了西藏建筑工匠高超的技艺。布达拉宫是西藏政教合一政权的中心。每逢盛大节日或活动，宫门挤满信仰藏传佛教各民族佛教徒，成为著名佛教圣地。1990年8月后重修。

现存布达拉宫最古老的建筑是法王洞。9世纪时，布达拉宫因吐蕃内乱遭到破坏，仅存法王洞。洞内供奉着据传为松赞干布生前所造的他自己和文成公主、尼泊尔尺尊公主等人并列的塑像。

白宫的第六层和第五层都是生活和办公用房。第四层有白宫最大的殿宇东大殿。殿长27.8米，宽25.8米，内设达赖宝座，上悬同治帝书写的“振锡绥疆”匾额。布达拉宫的重大活动如达赖坐床典礼、亲政典礼等都在此举行。

白宫外部有“之”字型的上山蹬道。东侧的半山腰有一块宽阔的广场，称作“德央厦”，是达赖喇嘛观看戏剧和举行户外活动的场所。广场的南北两侧建有僧官学校等。

白宫在红宫的下方与扎厦相连。扎厦位于红宫西侧，是为布达拉宫服务的喇嘛们的居所，最多时居住着僧众25 000多人。它的外墙都是白色，因此通常也被看作是白宫的一部分。

西藏布达拉宫之红宫

红宫建于公元1690年，当时，清康熙帝还特意从内地派了100余名汉、满、蒙工匠进藏，参与扩建布达拉宫这一浩大工程。红宫的主体建筑是各类佛堂和达赖喇嘛的灵塔。宫内有八座存放各世达赖喇嘛法体的灵塔，其中以五世达赖喇嘛的灵塔最大、最华丽，塔身用金皮包裹，镶珠嵌玉，据说共用黄金11万余两，珍珠、宝石、珊瑚、琥珀、玛瑙等18 677颗。红宫中最大殿堂“司西平措”（西大殿）面积为725平方米，殿内正中上方高悬乾隆所赐“涌莲初地”匾额，设

有六世达赖喇嘛宝座。殿中还存有清康熙帝赠送的大型锦帐一对，是布达拉宫的珍宝之一。殊胜三界殿是红宫最高的殿堂，一旁的经书架上，还置放着雍正皇帝赐予七世达赖喇嘛的北京版《丹珠尔》经书。红宫最西是十三世达赖喇嘛灵塔殿，高14米，传说殿内的坛城是用20余万颗珍珠串缀而成的。

红宫位于布达拉宫的中央位置，外墙为红色。宫殿采用了曼陀罗布局，围绕着历代达赖的灵塔殿建造了许多经堂、佛殿，从而与白宫连为一体。

红宫最主要的建筑是历代达赖喇嘛的灵塔殿，共有五座，分别是五世、七世、八世、九世和十三世。各殿形制相同，但规模不等。其中最大的五世达赖灵塔殿殿高三层，由十六根大方柱支撑，中央安放五世达赖灵塔，两侧分别是十世和十二世达赖的灵塔。五世达赖灵塔殿的享堂西大殿是红宫中最大的殿堂，高6米多，面积达725.7平方米。殿内悬挂乾隆帝亲书的“涌莲初地”匾额，下置达赖宝座。整个殿堂雕梁画栋，有壁画698幅，内容多与五世达赖的生平有关。在红宫的西部是十三世达赖灵塔殿，建于1936年，是布达拉宫最晚的建筑。其规模之大也可与五世达赖灵塔殿相媲美，殿内除了灵塔，还供奉着一尊银造的十三世达赖像和一座用20万颗珍珠、珊瑚珠编成的法物“曼扎”。

红宫中的法王殿和圣者殿相传都是吐蕃时期遗留下来的建筑。法王殿正处在布达拉宫的中央位置，它的下面就是玛布日山的山尖。据说这里曾经是松赞干布的静修之所，现供奉着松赞干布、赤尊公主、文成公主以及大臣们的塑像。圣者殿供奉松赞干布的主尊佛——一尊由檀香木天然形成的观世音菩萨像。

红宫的屋顶平台上布满各灵塔殿的金顶，全部都是单檐歇山式，以木制斗拱承托外檐，上覆鎏金铜瓦。顶端立一大二小三座宝塔，金光灿灿，煞是耀眼。屋顶外围的女墙用一种深紫红色的灌木垒砌而成，外缀各种金饰，墙顶立有巨大的鎏金宝幢和红色经幡，体现出强烈的藏式风格。

红宫中的另外一些宫殿也很重要。三界兴盛殿是红宫最高的殿堂，藏有大量经书和清朝皇帝的画像。坛城殿有三个巨大的铜制坛城，供奉密宗三佛。持明殿主供密宗宁玛派祖师莲花生及其化身像。世系殿供金质的释迦牟尼十二岁像和银质五世达赖像，十世达赖的灵塔也在此殿。

西藏阿里古格王宫

古格王国故城遗址位于阿里地区札达县扎布让区象泉河南岸，是西藏宫殿建筑中保存较为完好的早期建筑之一。现存古格王朝宫殿建筑面积为18万平方米，始建于公元10世纪末。整座建筑依山而建，宫殿、寺院建筑犹如一阶阶重叠的石梯，层层而上，形成一个坚固完整的金字塔结构，气势宏大，庄严肃穆。古格王朝国王的王宫寝殿和议事大殿，位于整个金字塔布局的顶端，上达天庭，俯视万民，唯我独尊的王权得到了充分体现。建筑群外四周是一道道由土垒成的高大城墙，险隘处配置着矗立的碉堡、哨口。建筑群内，暗道密布，四通八达。宫殿、寺院、庙宇建筑内部方柱林立，柱上加替木，替木承横梁，梁上架方椽，椽上铺天花板。方柱、替木、横梁绘塑结合，天花板和四壁绘满了诸佛、菩萨、弟子、护法神、本尊、佛传故事、佛本生故事，以及狮、虎、大象、孔雀、莲花十佛、莲花五佛、八吉祥物、雍仲、忍冬纹样；殿堂静穆高雅、富丽堂皇，显示出王权的显赫和尊贵。

阿里古格王国遗址是全国第一批重点文物

保护单位之一。共有房屋洞窟300余处、佛塔（高10余米）3座、寺庙4座、殿堂2间及地下暗道2条。外围建有城墙，四角设有碉楼。整个遗址建在一座小土山上，建筑分上、中、下三层，依次为王宫、寺庙和民居。在其红庙、白庙及轮回庙的雕刻造像及壁画中不乏精品。围绕古格都城札不让的重要遗址还有东嘎、皮央等，均有大量文物遗存。

近10余年间于古格遗址周围不断发掘出的造像、雕刻及壁画等是这个神秘王朝留给今人的宝贵财富。古格雕塑多为金银佛教造像，其中被称为“古格银眼”的雕像代表其最高成就。遗存最为完整、数量最多的是它的壁画。古格壁画风格独特、气势宏大，较全面地反映出了当时各个层面的社会生活。所绘人物用笔简练，性格突出，其丰满动感的女性人物尤具代表性。由于古格所处的地理位置特殊，加上其受多种外来文化的影响，因此在其艺术表现风格上带有明显的克什米尔及犍陀罗艺术痕迹。

古格王国遗址是一座规模宏伟、面积浩大的高原古城，它不仅有助于人们研究西藏历史，而且为研究我国古代建筑提供了重要的实物资料。

西藏罗布林卡

罗布林卡，俗称“拉萨的颐和园”，藏语意为“宝贝公园”，位于拉萨西郊，是西藏著名的大型建筑群，由七世达赖喇嘛于18世纪始建。整座建筑群包括乌尧颇章、格桑颇章、辩经台、观戏楼、湖心宫、龙王宫、金色林卡、金色颇章、格桑德吉宫、达旦米久颇章和园林建筑等建筑单元，先后历经了七世达赖、八世达赖和十三世达赖喇嘛等不同时期的修建，历时200余年。全园占地面积约为36万平方米，分为宫区、林区、宫前区三个部分。从七世达赖喇嘛开始，历代

达赖喇嘛在夏天都要从布达拉宫移居此处，在此处理政务和举行宗教活动，因此罗布林卡也有“夏宫”之称。

罗布林卡里的建筑以格桑颇章、金色颇章、达登明久颇章为主体，有房374间，是西藏人造园林中规模最大、风景最佳、古迹最多的园林，已被辟为人民公园，属全国重点文物保护单位。

罗布林卡四面都有门，东面是正门。康松思轮是正面最醒目的一座阁楼，它原是一座汉式小木亭，后被改修为观戏楼，东边又加修了一片便于演出的开阔场地，专供达赖喇嘛看戏用。它旁边就是夏布甸拉康，是举行宗教礼仪的场所。它的北侧设有噶厦的办公室和会议室。每到夏日，布达拉宫内的许多政府机构，都要随着达赖喇嘛转移到罗布林卡办公。

18世纪40年代以前，罗布林卡还是一片野兽出没，杂草、矮柳丛生的荒地。后来，由于七世达赖喜欢并常来这个地方，所以当时的清朝驻藏大臣便为其修建了一座“乌尧颇章”（凉亭宫）。公元1751年，七世达赖在乌尧颇章东侧又建了一座以自己名字命名的三层宫殿——“格桑颇章”（贤杰宫），内设佛堂、卧室、阅览室及护法神殿等，被历代达赖用作夏天办公和接见西藏僧人、官员的地方。

八世达赖在此基础上扩建了恰白康（阅览室）、康松司伦（威镇三界阁）、曲然（讲经院），并把旧有的水塘开挖成湖，按汉式亭台楼阁的建筑风格，在湖心建了龙王庙和湖心宫，两侧架设了石桥。1922年，十三世达赖对罗布林卡再兴土木，在西面建金色林卡和三层楼的金色颇章，并种植大量花、草、树木。1954年，十四世达赖又在北面建了新宫，使罗布林卡发展成了今天的规模。

解放前，罗布林卡只是达赖和少数达官贵人游乐休息的夏宫，解放后，在人民政府的关怀下，经过修缮，面貌一新，里面有苍松翠柏等树木49种，有牡丹、芍药等名花异草62种，飞禽走兽各类动物15种。园内有修葺工整的花池草坪、玲珑别致的凉亭水榭，还有戏台和木制的桌凳。每逢佳节，游人纷至沓来，罗布林卡飘满了欢声笑语。

新宫是坐落在罗布林卡内的著名建筑之一。新宫内，栩栩如生的壁画丰富多彩。引人注目的是新宫北殿西侧经堂内画的菩提树下的释迦牟尼与八大弟子图。释迦牟尼画的最大、最细致，一幅善良平静的尊容。八大弟子形象很生动，那种静穆沉思的虔诚神态刻画得非常逼真，是一幅不可多得的精彩作品。

新宫南殿的壁画，从西沿北到东，是用连环画的形式表现的一部西藏简史，它的内容包括：藏族起源、吐蕃王朝兴亡、公元846年至1391年西藏佛教后弘及噶当、噶举、萨加、格鲁等教派的陆续举起，1391年一世达赖根登竹巴出世至十四世达赖丹增嘉措于1955年从北京返回拉萨为止的各世达赖传记等共301幅画面。这些画面为研究藏族的历史和藏汉关系的发展提供了重要资料。整个画面生动活泼，色彩和谐，具有独特的民族风格，是西藏绘画艺术的一个集锦。

西藏雍布拉康

“雍布”意为“母鹿”，因扎西次山形似母鹿而得名，“拉康”意为“神殿”。雍布拉康，藏语意为“母子宫”，位于山南地区泽当镇东南，高耸于雅砻河东岸扎西次日山顶。相传是苯教徒于公元前2世纪为第一代藏王聂赤赞普所建造，后来成为松赞干布和文成公主在山南的夏宫，五世达赖时改为黄教寺院。

雍布拉康是西藏历史上第一座宫殿，分前后两部分，前部为一幢

三层楼房，后部是一座高约30米的碉房雄踞山巅。前部一进门是门庭，庭外有带檐小平台，往里是宽大的殿堂，主要供奉三世佛像及松赞干布、文成公主像。二楼前半部为三面环绕矮墙的平台，后部是带天井的回廊和大殿，殿高2米左右，里面供奉着强巴佛、宗喀巴、莲花生、文殊菩萨等；还有一间专供历世达赖喇嘛来此礼佛时的卧室；三层后部是廊院，可通向碉楼。碉楼的上层，四壁绘满了色彩绚丽的壁画。整个建筑墙体为纯石结构，坚实耐久，宫顶系上木架构。一条石阶从平川重叠而上，形成一夫当关、万夫莫开的险势，是古代典型的城堡建筑模式，也是王权至高无上的体现。

雍布拉康主要供奉释迦牟尼佛像。宫殿内的壁画上生动地描绘了西藏的第一位国王、第一座建筑、第一块耕地的历史故事。雍布拉康分为两部分，前部是一幢多层建筑，后部是一座方形高层碉堡望楼，与前部相连。公元5世纪，藏王托托念赞时期，传说一本佛经从天而降，正好落在雍布拉康宫顶，当时无人能识。有圣人断言，到了公元7～8世纪就有人能解读此书。所以这本书被很好地保留在雍布拉康。

雍布拉康传为西藏最早的建筑，最初并非寺院，而是早期雅砻部落首领的宫殿。民间传说："宫殿莫早于雍布拉康、国王莫早于聂赤赞普、地方莫早于雅砻。"雍布拉康正是聂赤赞普在雅砻地方建造的宫殿。

据说松赞干布在原来宫殿的两边修建了两层楼的殿堂。殿堂底层为佛殿，二层为法王殿。至此，雍布拉康由宫殿改作寺庙。后来

历代都有扩修，逐渐在殿堂西边增建了门厅，南边增建了僧房。五世达赖时在碉楼式建筑上加修了四角攒尖式金顶。15世纪，宗喀巴弟子克珠顿珠在雍布拉康北3 500米处创建了日乌曲林，并开始由该寺管理雍布拉康事务。每年向雍布拉康派喇嘛五名，一年轮换一次，每人年俸10克青稞，直至民主改革前。

西藏解放后，党和政府非常重视文物的保护工作，于1962年确定雍布拉康为自治区级文物保护单位，并拨款进行维修。在十年浩劫中，雍布拉康被拆毁，所有塑像、壁画、建筑木构件被破坏无遗，其他文物也都流失，仅剩下残垣断壁。1982年，山南地区文管会主持修缮雍布拉康，历时2年多，现已基本恢复原貌。